LES
GISEMENTS AURIFÈRES
DE SIBÉRIE

NOTES

SUR LEUR CONDITION ACTUELLE ET LEUR AVENIR

PAR

Le Baron René de BATZ

INGÉNIEUR CIVIL

Membre de l' "American Institute of Mining Engineers"

AVEC 12 PHOTOGRAVURES, 7 PLANCHES HORS TEXTE
ET 1 CARTE MINIÈRE DE LA SIBÉRIE

PARIS

TYPOGRAPHIE CHAMEROT ET RENOUARD

19, RUE DES SAINTS-PÈRES, 19

1898

LES
GISEMENTS AURIFÈRES
DE SIBÉRIE

LES
GISEMENTS AURIFÈRES
DE SIBÉRIE

NOTES
SUR LEUR CONDITION ACTUELLE ET LEUR AVENIR

PAR

Le Baron René de BATZ

INGÉNIEUR CIVIL

Membre de l'"American Institute of Mining Engineers"

AVEC 12 PHOTOGRAVURES, 7 PLANCHES HORS TEXTE
ET 1 CARTE MINIÈRE DE LA SIBÉRIE

PARIS
TYPOGRAPHIE CHAMEROT ET RENOUARD
19, RUE DES SAINTS-PÈRES, 19
—
1898

Droits de reproduction et de traduction réservés.

TABLE DES MATIÈRES

	Pages.
Avant-Propos	IX

LIVRE PREMIER

APERÇU HISTORIQUE, ADMINISTRATIF ET GÉOLOGIQUE

CHAPITRE PREMIER

Historique	1

CHAPITRE II

Administration	8
I. — Généralités	8
II. — Administration des mines en Sibérie	12
III. — Fonctions des Directions des mines et des Ingénieurs d'arrondissement	12
IV. — Police et tribunaux	14
V. — Recrutement du personnel technique	16

CHAPITRE III

Législation réglementant en Russie l'exploitation des gisements aurifères	18
I. — Terres ouvertes à l'exploitation	19
II. — Droits des exploitants	20

TABLE DES MATIÈRES.

Pages.

III. — Personnes autorisées à exploiter. 21
IV. — Recherches et explorations. 21
V. — Déclarations 22
VI. — Obtention de concessions. 23
VII. — Allocation de mines par voie d'enchères. 25
VIII. — Travaux. 25
IX. — Redevances foncières et impôts. 26

CHAPITRE IV

Les gisements aurifères de Sibérie au point de vue géologique.. 30
I. — Distribution de l'or en Sibérie. 30
II. — Caractères généraux distinctifs des placers sibériens.. 35
III. — Caractères particuliers et richesse moyenne des sables dans les divers districts aurifères. 39
IV. — Gîtes filoniens. 44
V. — Origine probable de l'or. 48

LIVRE II

CONDITIONS LOCALES INFLUANT SUR L'EXPLOITATION

CHAPITRE PREMIER

Le climat. 51

CHAPITRE II

Ressources naturelles de la Sibérie.. 58

CHAPITRE III

Moyens de communication : transports et approvisionnements... 70

CHAPITRE IV

Personnel et main-d'œuvre. 80
I. — Recrutement des ouvriers. 80
II. — Entretien du personnel. 84

TABLE DES MATIÈRES. VII

CHAPITRE V

Pages.
Capitaux d'exploitation. 92

LIVRE III
MÉTHODES ACTUELLES D'EXPLOITATION

CHAPITRE PREMIER

Recherches ou prospections (poïski). 95

CHAPITRE II

Travaux d'études (razviédki). 101

CHAPITRE III

Travaux d'exploitation 102
   I. — Enlèvement du torf. 102
   II. — Abatage du plast et transport de sable à la machine
       de lavage 104
   III. — Lavage des sables. 107
   IV. — Transport du stérile. 119

CHAPITRE IV

Vente de l'or a l'État 122

CHAPITRE V

Prix de revient de l'or. 127

LIVRE IV
MODIFICATIONS A INTRODUIRE DANS L'EXPLOITATION

CHAPITRE PREMIER

Législation, main-d'œuvre, travaux. 131

CHAPITRE II

Emploi d'appareils mécaniques pour l'abatage et le transport. 135

APPENDICES

Tableau I. — Production de l'or en Russie depuis 1754 jusqu'au 1er janvier 1896, par divisions administratives. 145

Tableau I bis. — Production de l'or en Russie depuis 1754 jusqu'au 1er janvier 1896, par circonscriptions minières. 145

Tableau II. — Statistique de la production de la Russie pour l'année industrielle 1894, par divisions administratives. . . . 145

Tableau II bis. — Statistique de la production de la Russie pour l'année 1894, par circonscriptions minières. 145

Notes explicatives sur les Tableaux I et II. 145

Tableaux III et IV. — Production de l'or en Sibérie en 1895 .   158-159

Tableau V. — Part de l'Empire Russe dans la production d'or du monde. 160

Graphique de la production de l'or en Russie. 161

Tableau VI. — Mesures russes et leurs équivalents métriques. . 161

Tableau VII. — Table de concordance des mesures russes, métriques, anglaises et américaines, servant à énoncer la teneur en or pur d'un minerai 162

Glossaire de quelques termes usités dans l'exploitation des placers en Sibérie. 163

Le Grand Transsibérien. 167

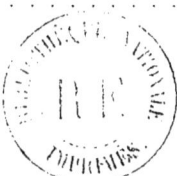

AVANT-PROPOS

Depuis cent quarante et un ans que l'or est exploité en Russie (de 1754 à 1895 inclus), la production de ce métal s'est élevée à **1.841.085 kilogrammes**, d'une valeur de plus de **6 milliards de francs**.

De cette production,

    390 kilogr. reviennent à la Russie proprement dite (Finlande et Caucase);
505 386 kilogr. reviennent à l'Oural;
116 937   —   —   à la Sibérie Occidentale;
1 218 372   —   —   à la Sibérie Orientale.

Cette industrie donne actuellement du travail à près de 100 000 ouvriers.

Les tables détaillées qu'on trouvera à la fin de ces notes et le graphique qui les résume montrent d'année en année la marche de cette production et le déplacement graduel et constant vers l'est du centre de plus grande activité.

D'autre part, l'étude des chiffres se rapportant à la

production de l'or dans le monde entier font voir le rôle important joué par l'Empire Russe. Depuis vingt ans, la part de ce pays est d'environ un cinquième du total; pendant la décade qui a précédé la découverte des gisements de Californie et d'Australie, elle allait même jusqu'à 40 p. 100. Puis, tandis que la production d'or russe augmentait d'une façon régulière et constante (bien que, tout d'un coup, brusque, par la mise en exploitation, vers 1870-1880, des riches placers de la région amourienne), sa part relative dans le total redescendait, pendant vingt années, à environ 15 p. 100, pour devenir supérieure à 20 p. 100 jusqu'au moment où l'activité développée sur les champs d'or du Transvaal, à partir de 1890, lui faisait perdre de nouveau de son importance proportionnelle.

Pour l'année 1896, si nous en croyons les statistiques publiées par l'*Engineering and mining journal* dans son numéro du 2 janvier 1897, la production totale du monde aurait été de 327 081 kilogrammes ; dans ce total,

Les États-Unis entrent pour	85 773	kilogr. ou	26,23	p. 100
L'Australie	—	65 568	—	20,05	—
L'Afrique du Sud	—	64 984	—	19,87	—
L'Empire Russe	—	47 550	—	14,54	—

On peut donc dire que l'Empire Russe a mis sur le marché du monde une prodigieuse quantité d'or et qu'il est un des facteurs les plus importants dans la production du métal précieux.

Mais pour quiconque étudie d'un peu près cette production de l'or en Russie, deux questions se posent immédiatement.

Comment, dans sa poursuite incessante de l'or, le monde entier, qui s'est jeté avec folie sur les placers et les mines de la Californie, de l'Australie et du Transvaal, ne s'est-il pas porté avec une égale ardeur sur les placers de la Sibérie?

Comment, étant donné les richesses retirées des alluvions de l'Oural et de la Sibérie, ne s'est-on pas appliqué à perfectionner les méthodes d'extraction usitées dans l'Empire Russe et à rechercher systématiquement et les placers encore cachés dans des régions peu explorées et les gîtes primitifs auxquels les alluvions ont emprunté leur or?

On peut répondre que les causes de ce manque relatif de développement sont multiples.

1° Le *climat*, d'abord, rigoureux et présentant le contraste d'un hiver excessivement froid avec un été court, mais presque torride, s'oppose à de longues expéditions de recherches, aussi bien qu'à de longues campagnes d'exploration ; représentée comme un pays de neige perpétuelle et de solitude glacée, la Sibérie effrayait les étrangers, dont fort peu avaient des notions exactes sur les conditions climatériques du pays.

Depuis ces dernières années, un certain nombre d'ingénieurs de toute nationalité, Français, Allemands, Anglais,

Américains, ont visité les régions minières et leurs rapports tendent à dissiper cette impression fausse. Tout en admettant que le climat est dur, il faut reconnaître qu'il existe, dans presque toute la portion actuellement habitée et exploitée, une saison d'été variant de cinq à quatre mois, avec une température moyenne de 15° à 20° centigrades, et que pendant l'hiver les habitants savent à merveille se protéger du froid le plus intense.

2° Puis les *communications* étaient, et sont encore, difficiles. Interrompues pendant trois à quatre mois, aux périodes de dégel et des premières tombées de neige, elles se faisaient, en hiver par des traîneaux, en été dans des véhicules manquant entièrement de confortable, sans ressorts, et sur des routes en état déplorable. La longueur des trajets a fait reculer bien des personnes curieuses de connaître le pays, mais pour lesquelles le temps a une valeur que le Sibérien ignore : une visite aux exploitations du Haut-Amour et de la Zéia exigeait deux mois pour aller, et autant pour revenir, de Pétersbourg. Cependant, depuis plusieurs années, si la vitesse n'a pas été sensiblement accrue, il y a eu une grande amélioration dans la facilité et le confort des voyages. D'une part, le service a été mieux organisé sur les routes de poste, et, d'autre part, l'extension prise par la navigation fluviale a fait disparaître, en été du moins, et sur de longs parcours, les terreurs justifiées d'une fatigue excessive. Cette même difficulté dans les communications existait aussi pour les *transports* : on pouvait considérer comme presque impossible, et comme toujours fort dispendieux, le transport, non seulement du matériel pesant, mais même des vivres. Déjà pourtant ces conditions défavorables changent du tout au tout; la construction du « Grand Transsibérien » avance rapidement; à l'heure qu'il est, on peut atteindre en wagon un point situé à 600 verstes d'Irkoutsk. Et s'il est vrai que, sur l'Amour, les communications, pour un temps, ne seront aisées que pendant quatre à cinq mois d'été, du moins toute la Sibérie occidentale et la Transbaïkalie vont être bientôt, pour les voyageurs et le frêt, à proximité de la Russie d'Europe.

3° La *main-d'œuvre*, quoique relativement abondante maintenant, a manqué souvent, et le système actuel de recrutement ne permet guère d'augmenter du jour au lendemain le nombre des ouvriers, c'est-à-dire l'intensité du travail.

4° Les *capitaux* nécessaires aux exploitations ont toujours plus ou moins fait défaut. Comme on le verra plus loin, les immobilisations de capitaux ne sont pas en usage en Sibérie; aussi ne trouve-t-on pas de mines ou usines dont le matériel représente de grosses sommes engagées. On exige un gros revenu sans vouloir risquer beaucoup, et l'on hésite à aventurer dans des régions si lointaines un argent dont on ne peut surveiller l'emploi et que l'on donne souvent à faire valoir à de simples intendants dans lesquels on n'a qu'une médiocre confiance. Puis, il faut reconnaître que jusqu'à ces dernières années, la Russie, pays surtout agricole, sans grandes industries, était plutôt pauvre, et que les capitaux entreprenants y faisaient défaut.

En dehors des raisons précédentes, il faut encore attribuer le peu d'intérêt qui semble s'être attaché jusqu'ici aux choses de Sibérie à ce que l'on peut appeler les « états d'âme » des sujets russes et des étrangers.

Le Russe, et encore plus le Sibérien, est par nature routinier : ce qu'a fait son père, il le fait, et quant à déployer une activité analogue à celle de l'Anglo-Saxon, même dans un but de profit immédiat, il n'y songe pas. Aussi les progrès faits depuis quarante ans dans l'exploitation des gisements aurifères et dans la métallurgie de l'or sont-ils restés lettre morte pour les industriels sibériens : c'est à peine si de timides tentatives ont été faites pour introduire quelques-unes des méthodes californiennes ou quelques-uns des appareils mécaniques inventés de l'autre côté du Pacifique ; et elles ont été infructueuses pour des raisons diverses : d'abord la mauvaise volonté de l'ouvrier, qui craint de voir disparaître son utilité, c'est-à-dire son pain, et de l'employé, opposé au travail mental qu'exigerait de lui la connaissance et l'emploi d'un nouvel outil ; le manque d'instructeurs compétents ; et, enfin, la faute commise en prenant, telles que, des machines ayant fait leurs preuves ailleurs, sans doute, mais exigeant, dans des conditions locales différentes, des modifications de détail.

Du côté de l'étranger, les facteurs de son indifférence ont été l'ignorance générale où il se trouvait du pays, des conditions locales, de la législation minière, de la langue; les contes absurdes qu'on a propagés sur le climat, sur le sol, sur les habitants, sur le régime administratif, sur le manque d'initiative laissé à l'individu, tout a contribué à faire regarder la Sibérie comme une sorte de pays ingrat, abandonné des hommes, et peu nombreux jusqu'à présent sont ceux qui ont, de bonne foi, tenté de jeter un peu de lumière sur ce sujet.

En réalité, la situation est la suivante : un pays très riche, dont on n'a fait que gratter la surface, à peine étudié, et ouvrant un large champ à l'activité des chercheurs d'or et des exploitants; travaillé par des gens routiniers, ennemis inconscients du progrès, ignorants de ce qui s'est fait ailleurs ; peu ou point connus de ceux qui ont l'énergie, les capitaux, les connaissances spéciales pour le mettre en valeur comme il le mérite. Telle est la Sibérie.

Mais dans un avenir qu'on peut prédire peu éloigné, tout va changer. Pénétrés par le chemin de fer, en communication directe par voie de mer avec l'Europe (d'Odessa à Vladivostok), avec le Japon (de Kobé à Vladivostok), et bientôt avec l'Amérique (de San Francisco à Nikolaïevsk et Vladivostok), les districts aurifères vont être accessibles au matériel encombrant et pesant de la grande industrie. D'un centre de ravitaillement placé sur la voie ferrée, il sera possible d'envoyer des expéditions d'études et de recherches dans l'intérieur, la colonisation se fera plus rapidement, et les deux industries se tenant de près, l'activité plus grande des mines d'or ouvrira un marché plus étendu au cultivateur et à l'éleveur. En même temps, les capitaux étrangers, dont l'attention a été récemment attirée sur la Russie et la Sibérie, se mettent en mouvement, et de puissantes Compagnies sont, ou formées, ou en voie de formation, pour entreprendre l'exploitation systématique et régulière des gisements aurifères ; il n'y a pas à douter que les premières de ces Sociétés à entrer dans cette voie n'y recueillent d'importants bénéfices.

La première en date de ces grandes Sociétés est la Société des Mines d'or de la Russie *(Rossiiskoe zolotopromychlennoe obstchestvo)*, au capital de 5 millions de roubles or (20 millions de francs), divisé en 50000 actions de 100 roubles or (400 francs). Autorisée par décret impérial, le 12 mai 1895, elle s'est, depuis cette époque, rendue propriétaire de terrains aurifères dans l'Oural et dans le district de Mariinsk, en même temps qu'elle acquérait des intérêts considérables dans plusieurs Compagnies minières *(tovaristchestva)* existantes, réputées des plus riches de la Sibérie. C'est ainsi qu'elle possède 71/100ᵉ des parts de la Compagnie des Mines de l'Amgoune *(Amgounskaïa Kompania)* dans l'arrondissement minier du

Littoral; 30/93ᵉ des parts de la Compagnie des Mines d'or de l'Amour (*Priamourskoe tovaristchestvo*) dans l'arrondissement minier du Littoral; deux mille deux cents actions, de 500 roubles or chacune, sur les douze mille formant le capital de la Compagnie des Mines d'or de la Léna (*Lenskoe zolotopromychlennoe tovaristchestvo*), dans l'arrondissement minier de la Léna; 20/30ᵉ des parts de la Compagnie du Transbaïkal (*Zabaïkalskoe tovaristchestvo*), dans l'arrondissement minier d'Est-Transbaïkalie.

Administrée par des hommes tels que *MM. Verpine*, pour lequel la question des mines d'or de Sibérie n'a pas de secrets, *Thémistocle Petrocochino, Constantin A. Vargounine, S. Palachkovsky, R. Charlier*, membres de la direction, et *A. Pomerantzeff, A. Rothstein, D. I. Petrocochino, L. Villars, J. Outine, Th. Lombardo, N. Bogdanof, C. Benardaki, A. Gelvètre*, composant le Conseil, mêlés tous depuis longtemps au mouvement financier et industriel de la Russie; avec l'aide de quelques-uns des meilleurs ingénieurs russes, la Société des Mines d'or de la Russie se propose d'introduire graduellement les méthodes modernes d'exploitation et d'appliquer aux gisements aurifères russes ou sibériens les formules économiques et techniques qui ont donné les résultats que l'on sait en Amérique, au Transvaal et en Australie. Avec le champ immense que présente l'Empire Russe, on ne peut que prévoir le succès d'une pareille entreprise.

En un mot, tout indique que la production de l'or, en Sibérie, va augmenter d'une façon notable et qu'elle pourra atteindre, dans une décade peut-être, le double de son chiffre actuel.

Il nous a donc semblé que le moment était opportun pour réunir sous forme compacte un ensemble de données générales et de renseignements qu'on ne trouve qu'épars dans des journaux et revues ou dans quelques publications peu accessibles à la masse des lecteurs, — sans pour cela prétendre renfermer dans des limites si étroites un sujet qui exigerait de longues recherches et de minutieuses études. Dans les notes qui suivent, nous avons cherché surtout à présenter un aperçu bref, mais pourtant aussi complet que possible, des circonstances qui influent sur l'industrie de l'or en Sibérie, circonstances avec lesquelles nous ont familiarisé deux missions, l'une sur le versant oriental de l'Oural, l'autre dans le bassin du Bas-Amour; nous nous réservons, dans l'avenir, de faire, plus détaillée et plus précise, une description générale de cette industrie dans l'Empire Russe.

Il n'est que juste de dire que nous devons à la gracieuseté de l'Administration centrale des mines, à Saint-Pétersbourg, communication des chiffres officiels et de la carte qui forment l'appendice à cette étude.

Nous prenons plaisir également à reconnaître l'aide qui nous a été prêtée — pour la réunion des documents consultés — par *M. Nerpine*, Président de la Direction de la Société des Mines d'or de la Russie et de la Compagnie des Mines d'or du Haut-Amour, *MM. Thémistocle Petrocochino* et *Gelcètre*, *M. Stanislas Littauer*, ingénieur des mines, au service de la Société des Mines d'or de la Russie, et nous leur en adressons ici nos très sincères remerciements.

LES
GISEMENTS AURIFÈRES
DE SIBÉRIE

LIVRE PREMIER

APERÇU HISTORIQUE, ADMINISTRATIF ET GÉOLOGIQUE

CHAPITRE PREMIER

HISTORIQUE

Il y a deux cent trente ans que le bruit se répandit pour la première fois à Moscou de la découverte de l'or dans les monts Oural, sur les bords de l'Issète; on avait trouvé dans les tombes tatares des objets d'or et d'argent qui, au dire des Bachkirs, provenaient d'un peuple *gelé*, les Tchoudes, lesquels savaient extraire et fondre l'or des roches. On apprit aussi, par la même source, que dans les collines qui bordent l'Oufa, la Godaïa et la Iaïka se trouvait un « *trésor immense de pierres d'or et d'argent* ». (Voir Chmirof, *les Métaux dans l'ancienne Russie*, 1872, et Bogolioubski, *l'Or, son extraction et ses gisements dans les formations aurifères de la Russie,* 1877.)

Toutefois, l'exploitation des mines d'or de Sibérie ne remonte qu'au milieu du xviiie siècle, époque de la découverte des premiers **gisements aurifères filoniens** dans les monts Ourals et dans le Gouvernement d'Arkhangelsk.

Dans l'*Oural*, l'or fut découvert en 1744 ; cette découverte, accidentelle, eut lieu sur les terrains où s'établit plus tard, en 1748, l'exploitation de Bérëzovsk (à 15 kilomètres d'Ekaterinebourg). L'honneur en revient au paysan *Erofe Markof*, qui, après avoir trouvé du cristal de roche, découvrait, tout à fait par hasard, des pierres quartzeuses sur lesquelles étaient accolées de minces particules métalliques jaunes et brillantes ; il fit part de sa trouvaille à un orfèvre, qui reconnut que ces particules métalliques étaient de l'or natif. Puis, Markof porta le reste de ses échantillons au Chancelier des Mines d'Ekaterinebourg, qui, sur-le-champ, prit des dispositions pour faire étudier la localité indiquée par le paysan. — Le premier filon exploité, le *Chartachki*, le fut en 1748 ; peu après, on travailla plusieurs veines situées sur les bords de la rivière Bérezovka, ce qui fit donner à l'ensemble des filons le nom de *filons de Bérëzof*. Développées lentement, ces mines, après dix ans, ne donnaient que 1 poud par an (16 kilogrammes) ; ce chiffre monta à 360 kilogrammes de 1808 à 1810, mais après 1814, l'exploitation dépérit graduellement, et, en 1816, la production n'était plus que de 5 livres 31 zolotniks ; de 1861 à 1869, on interrompit même complètement les travaux. Repris en 1869 par l'Administration des Domaines, ils donnèrent, pour environ 900 tonnes de minerai, 1 poud 2 livres d'or.

En mai 1874, les filons de Berezof furent concédés à M. Astachef moyennant une somme de 100 000 roubles et le paiement de 18 et demi p. 100 de l'or produit. De ce moment date une amélioration dans la marche des affaires. En 1884, la production était de 17 pouds 16 livres ; en 1895, elle atteignait 19 pouds 27 livres.

Dans l'*Oural méridional*, le premier gîte filonien fut découvert en 1799 dans la *datcha* de Miass, près de l'usine de Miass. On construisit alors une batterie pour le broyage du minerai aurifère. Mais comme on n'en retira qu'une quantité insignifiante d'or, — environ 3 livres pour les années 1803, 1804 et 1805, — les travaux furent abandonnés en 1811. En même temps on découvrait des placers riches, dont l'exploitation fit retarder celle des filons voisins, jusqu'en 1867, époque à laquelle on trouva les gîtes primitifs de Kotchkar, dont la production a, depuis, toujours augmenté. En 1872, on retirait de ces veines de Kotchkar 3 pouds 27 livres ; en 1875, 39 pouds 14 livres ; en 1885, 51 pouds 25 livres ; en 1894, 85 pouds environ.

Dans le *Gouvernement d'Arkangelsk*, l'or fut trouvé,

en 1745, dans la mine de Woizk, dans le minerai bigarré de cuivre que l'on travaillait depuis 1742.

De 1745 à 1764, on obtint 1 poud 21 livres 71 zolotniks. Puis, la teneur diminuant, tandis qu'on avait à lutter contre une forte venue d'eau et la dureté même de la roche, le filon fut abandonné. Le travail fut repris deux fois, mais sans succès, en 1772 et 1788 : les frais étaient trop considérables. En 1794, on donna l'ordre de suspendre définitivement les travaux, qui, depuis cette époque, n'ont pas été repris. — Ce gisement n'a donné en tout que 3 pouds 32 livres 71 zolotniks d'or ($62^{kg},520$).

A la même époque, — le milieu du xviiie siècle, — l'administration minière gouvernementale arrivait à séparer l'or contenu dans l'argent aurifère obtenu par la fusion des minerais de la mine Smeïnogorsk, dans l'Altaï *(Montagne de l'or*, en tartare), entre l'Irtyche et l'Ob.

La découverte des **placers aurifères** remonte à 1814 dans le district de Bérëzovsk.

Elle est due au chef mineur *Léon Brousnitzine*. L'exploitation de ces sables se poursuivit sur une petite échelle, jusqu'au moment où les ingénieurs des mines du district réussirent à se former une idée de la nature des gisements et des méthodes les plus propres au travail. En 1818 commença l'exploitation rationnelle. A partir de ce moment les découvertes des placers se multiplièrent, commençant à Verkhissetsk et Néviansk, pour se répandre en vingt ans sur toute la région Ouralienne.

Dès 1812 l'extraction de l'or fut permise aux particuliers sur leurs propres terres; puis, graduellement, à mesure que les divers gisements d'alluvions étaient découverts, leur exploitation fut permise pour certaines personnes sur les terres des Domaines, mais ce ne fut qu'en 1838, au moment de la promulgation du Code Minier, que la permission devint générale.

En *Sibérie*, les particuliers ne furent autorisés à exploiter les gisements d'or qu'en 1829.

En 1831 eut lieu la découverte de mines sur les contreforts des monts Altaï, entre les rivières Tom et Iénisséi, dans le bassin de la Kia (à peu près à égale distance de Tomsk et Krasnoïarsk); c'est aussi vers cette époque que l'Administration de la Couronne commença l'exploitation des minerais argentifères dans les environs de Nertchinsk[1].

Vers la fin des années 1870-79, on découvrit les filons du Gouvernement d'Iénisséi et de la Province Transbaïkalienne. Il y a trois ans, on trouvait des gîtes filoniens dans l'arrondissement de Mariinsk, Gouvernement de Tomsk.

En 1829 le marchand *Fédor Popof* trouvait de l'or d'alluvions sur le versant oriental de l'Alataou, chaîne qui divise les bassins de l'Iénisséi et du Tom; en 1830 on découvrait les placers du versant occidental de cette chaîne, dans l'arrondissement de l'Altaï. Puis les découvertes s'avan-

---

[1]. 1000 pouds d'argent de l'Altaï renfermaient de 25 à 49 pouds d'or, tandis que 100 pouds de l'argent de Nertchinsk contenaient environ six livres d'or.

çaient rapidement de l'ouest à l'est à travers la Sibérie, en commençant par les placers de la partie sud-est de la chaîne Alataou, dans l'arrondissement d'Atchinsk.

En 1836, des chercheurs d'or arrivèrent jusqu'au pied des monts Saïanski, à la limite des Gouvernements d'Iénisséi et d'Irkoutsk, et découvrirent les riches alluvions de la Birioussa; vers la fin de cette décade on trouva les sables de l'arrondissement de Nertchinsk.

Les années 1840 et 1841 furent signalées par l'heureuse découverte des sables fort riches des rivières Mourojnaïa et Oudereï (Iénisséi méridional) et Sévaglicone et Aktolik (Iénisséi septentrional).

On peut juger de la richesse de ces alluvions, lorsqu'on saura qu'en 1847 les arrondissements d'Iénisséi fournirent 1200 pouds d'or, c'est-à-dire 65 pour 100 du total de la production de la Russie pour cette année.

En 1849 commencèrent les travaux miniers dans le bassin de l'Olekma, aux frontières du Gouvernement de Iakoutsk, et c'est là qu'à l'époque actuelle se trouvent encore les alluvions les plus riches. En 1854, l'exploitation aurifère s'étendit à l'arrondissement de Bargouzinsk (Province de Transbaïkalie).

Dans les Steppes des Kirghizes, l'exploitation de l'or débuta en 1860, bien que les anciennes traditions confirmées par des découvertes récentes la fassent remonter à trois mille ans avant notre ère. Les particuliers furent, en 1864, autorisés à faire des recherches dans l'arrondissement de Nertchinsk, et en 1865, ils purent exploiter les alluvions aurifères.

Dans la Province de l'Amour, l'or fut découvert en 1850 et 1851, par la Section technique minière de l'expédition de Transbaïkalie, commandée par le colonel Agte. De 1858 à 1861 on envoya dans cette province, sous les ordres des ingénieurs Anossof et Basnine, des expéditions de recherches qui explorèrent les sources de l'Oldoï, de la Zeïa et quelques autres rivières qui se jettent dans la mer du Japon.

En 1866, la Province Amourienne fut ouverte à l'industrie privée; deux ans plus tard, l'exploitation commençait sur les concessions de la Compagnie du Haut-Amour, dans le bassin de la Djalinda. A la même époque, on commençait des recherches dans la Province Maritime, et en 1871, le premier or fut retiré des mines de M. Tetioukof dans le bassin de l'Amgoune[1].

En 1896, enfin, le gouvernement envoyait sur les bords de la mer d'Okhotsk une expédition qui, aux dernières nouvelles, aurait rencontré de riches alluvions.

---

1. Les derniers renseignements que nous avons reçus de la Province Maritime justifient le nom de *Nouvelle Californie* que les habitants de la Sibérie Orientale lui décernent : pendant la Campagne de 1897 la Cie *des Mines de l'Amgoune* a traité 10 834 sajènes cubes de sable, dont on a retiré environ 55 pouds d'or, soit une teneur de 1 zolotnik 80 dolis aux 100 pouds, ou 7 grammes 825 au mètre cube.

De son côté la Cie *des Mines de l'Amour* a retiré de ses sables 20 pouds 12 livres, avec un rendement moyen de plus de 4 zolotniks aux 100 pouds (17 grammes 060 au mèt. cube).   R. de B.

CHAPITRE II

ADMINISTRATION

I. — Généralités.

Au point de vue administratif, l'industrie minière et métallurgique (exploitation des mines et carrières; traitement mécanique, métallurgique et chimique des minerais et autres produits minéraux) est, en Russie, du ressort du Ministère de l'Agriculture et des Domaines de l'État, où elle est concentrée, depuis 1873, date de son détachement du Ministère des Finances, dans la SECTION DES MINES. Cette Section des Mines comprend :

Le *Département des Mines*, proprement dit, et les trois institutions consultatives suivantes :

1° Le *Conseil des Mines*, pour les questions de législation et d'administration ;

2° Le *Comité scientifique*, pour les questions scientifiques et techniques ;

3° Le *Comité de Géologie*, pour l'établissement des cartes et des données géologiques et géognostiques.

Un régime exceptionnel existe pour l'industrie minière dans le territoire de l'armée des Cosaques du Don, où elle dépend du Ministère de la Guerre, ainsi que dans les arrondissements sibériens de l'Altaï et de Nertchinsk, qui sont du ressort du *Cabinet de Sa Majesté*. Toutefois, dans ces derniers arrondissements, la surveillance de l'exploitation privée des mines d'or et des placers est à la charge du Ministère de l'Agriculture et des Domaines, qui, l'exerçant par ses organes, reçoit du Cabinet de Sa Majesté une indemnité pour les frais lui incombant de ce chef. Le Grand-Duché de Finlande a sa propre administration minière.

Pour l'exercice de la surveillance locale sur l'industrie minière privée, toutes les circonscriptions minières ressortissant au Ministre de l'Agriculture et des Domaines sont divisées en *arrondissements*, chacun de ceux-ci étant confié à la direction d'un *Ingénieur d'arrondissement*.

Le tableau suivant donne, pour l'ensemble de l'Empire, les circonscriptions minières et leurs limites territoriales :

Circonscriptions minières de l'Empire Russe.

CIRCONSCRIPTIONS MINIÈRES	LIMITES DES CIRCONSCRIPTIONS	NOMBRE d'arrondissements dans chaque circonscription.	JURIDICTION DIRECTE SUPÉRIEURE des arrondissements miniers.
Oural.	Gouvernements de Perm, Viatka, Oufa, Orembourg, Vologda; provinces de l'Oural (sauf les arrondissements de Gouriev et d'Embène) et de Tomgaï.	8	Direction des Mines d'Ekaterinebourg.
Tomsk.	Gouvernements de Tomsk, Tobolsk et Iénisséi (sauf le district de Biriouzinsk) et provinces d'Akmoline, Sémipalatinsk et Sémiretchensk.	6	Direction des Mines de Tomsk.
Irkoutsk.	Gouvernement d'Irkoutsk, la région de Biriouzinsk, la province de Iakoutsk et les pays dépendant du Gouvernement général de l'Amour.	6	Direction des Mines d'Irkoutsk.
Caucase.	Gouvernement et provinces du Caucase.	4	Direction des Mines de Tiflis.
Russie du Sud.	Gouvernements de Kharkov, Ekatérinoslav, Kherson, Tauride, Bessarabie, Podolie, Kiev, Vollynie, Poltava, Tchernigov.	4	Direction des Mines d'Ekatérinoslav.
Pologne.	Gouvernements de Varsovie, Kalich, Kieltse, Lomja, Lublin, Pétrokof, Radom, Souvalki, Siedltse, Plotzk, Vilna, Grodno.	3	Département des Mines.
Transmoscovie.	Gouvernements d'Orel, Toula, Koursk, Voronège, Tambov, Kalouga, Penza, Vladimir, Riazan, Iaroslav, Moscou.	2	Département des Mines.
Volga.	Gouvernements de Kostroma, Nijni-Novgorod, Kasan, Simbirsk, Samara, Saralov, Astrakan, et les arrondissements de Gouriev, et d'Embène dans l'Oural.	2	Département des Mines.
Russie du Nord.	Gouvernements d'Arkangelsk, Olonetz, Pétersbourg, Novgorod, Courlande, Lithuanie.	1	Département des Mines.

ADMINISTRATION. 11

De leur côté, les usines de l'État sont groupées par arrondissements indépendants, dont chacun a son chef particulier. Il y a six de ces arrondissements, quatre dans l'Oural, un dans le nord de la Russie (district d'Olonetz) et un en Pologne. Les quatre arrondissements de l'Oural se trouvent réunis sous la gérance supérieure du Directeur des Mines de cette région.

II. — Administration des Mines en Sibérie.

Pour la Sibérie, qui est le but spécial de cette étude, voici quelles sont actuellement les divisions aministratives minières avec les divisions politiques correspondantes.

Circonscriptions minières de la Sibérie.

CIRCONSCRIPTIONS MINIÈRES	SIÈGE de la DIRECTION	ARRONDISSEMENTS MINIERS	SIÈGE DE L'INGÉNIEUR d'arrondissement.	DIVISIONS POLITIQUES COMPRISES DANS L'ARRONDISSEMENT MINIER
DE TOMSK	TOMSK	Tobolsk-Akmolinsk.	Omsk.	Gouvernement de Tobolsk (à l'exclusion du district de Berozovsk) et province d'Akmolinsk (Gouvernement général des Steppes).
		Semipalatinsk-Semiretchensk.	Sémipalatinsk.	Provinces de Semipalatinsk et de Sémiretchénsk (Gouvernement général des Steppes).
		Tomsk.	Tomsk.	Gouvernement de Tomsk.
		Iénisséi septentrional.	Iénisséisk.	Partie Nord de l'arrondissement d'Iénisséi.
		Iénisséi méridional.	Krasnoïarsk.	Partie Sud de l'arrondissement d'Iénisséi, arrondissements de Krasnoïarsk et de Kansk (à l'exclusion du système de Biriouzinsk).
		Atchinsk-Minoussinsk.	Sélo-Karaïous.	Arrondissements d'Atchinsk et de Minoussinsk.
		Primorskoï.	Khabarovsk.	Province de Primorskoï (Province *Maritime* ou du *Littoral*) : île Sakhaline.
		Amour.	Blagovïestchensk.	Province de l'Amour.
		Est-Transbaïkalie.	Nertchinsk.	Arrondissements de Nertchinsk, Tchita et Akchinsk (Province do Transbaïkalie).
D'IRKOUTSK	IRKOUTSK	Ouest-Transbaïkalie.	Verkhné-Oudinsk.	Arrondissements de Bargouzinsk, Verkhné-Oudinsk, Sélenga et Troïtzkosafsk (Province do Transbaïkalie). Arrondissement de Kirinsk (Gouvernement d'Irkoutsk).
		Léna.	Village Vitime.	Arrondissement d'Olekma (Gouvernement de Iakoutsk).
		Biriouzinsk.	Nijné-Oudinsk.	Système de la Birioussa (Arrondissement de Kansk, Gouvernement d'Iénisséi) et arrondissements de Nijné-Oudinsk, Bologanski, Irkoutsk et Verkoleisk (Gouvernement d'Irkoutsk).

III. — Fonctions des Directions des Mines et des Ingénieurs d'arrondissement.

Les *Directions Générales des Mines* ont pour mission de veiller à l'observation des règlements concernant la sécurité des travaux et les rapports entre patrons et ouvriers. Il leur appartient également de contrôler la légalité des travaux techniques entrepris dans les mines, de faire des enquêtes sur les accidents survenus au cours de l'exploitation, de développer l'industrie minière en général et de protéger l'industrie privée. Elles doivent surveiller la rentrée des impôts, recevoir les plans, déclarations et descriptions de mines nouvelles, autoriser la construction ou la modification des usines; inspecter la mise en place et l'entretien des chaudières à vapeur. Enfin elles doivent surveiller la conduite des fonctionnaires dépendant d'elles et centraliser tous les renseignements concernant leur sphère d'action.

Les *Ingénieurs d'arrondissement* doivent surveiller le fonctionnement de l'industrie minière privée, aussi bien sur les terres de l'État que sur les terres appartenant aux particuliers, aux sociétés, aux institutions et aux corporations. Ils sont chargés d'aider les usines et exploitations privées de leur concours, pour la direction légale et lucrative des travaux, et de leurs conseils pour la partie technique minière, sans pourtant intervenir arbitrairement dans les dispositions techniques des chefs d'usines ou des exploitants. Ils doivent surveiller, au point de vue de la sécurité, la conduite des travaux, et faire respecter les règlements concernant l'embauchage des ouvriers, leurs rapports avec le patron et le travail des femmes et des enfants. Ils doivent surveiller l'acquisition, la conservation et l'emploi par les industriels miniers des matières explosives, et aussi contrôler les livres pour l'enregistrement de ces matières. C'est à eux qu'il incombe de veiller à ce que les personnes choisies par les propriétaires pour administrer des mines ou des usines leur appartenant, soient munies des procurations exigées par la loi, comme aussi de veiller à la rentrée régulière et à la date prescrite des redevances minières. Ils doivent délivrer, avec le concours du mesureur des mines et du commissaire d'allocation, les concessions accordées sur les terres libres de l'État et dresser les procès-verbaux sur les infractions aux règlements concernant l'industrie minière.

A la Direction Générale d'Irkoutsk, — comme à celle du Caucase, — est attaché un géologue, et à chacune des directions de l'Oural, de Tomsk et d'Irkoutsk, un laboratoire pour la fonte de l'or. De plus, chaque Direction comporte un emploi de mesureur des mines.

Le *Mesureur des Mines* doit, sur délégation des autorités et aux frais des particuliers, tenir au courant les plans de l'exploitation minière et veiller à l'observation exacte des prescriptions de la loi, et rapporter toutes les infractions. Il est autorisé à faire des travaux d'arpentage à l'amiable pour les propriétaires d'exploitations privées.

Auprès des Ingénieurs d'arrondissement fonctionnant dans les régions dépendant des directions de Tomsk et Irkoutsk sont attachés un *secrétaire* et un *commissaire d'allocations*.

IV. — Police et Tribunaux.

La *surveillance* ayant pour objet le maintien du bon ordre et de la sécurité dans les exploitations minières est organisée sur les bases suivantes :

1° pour ce qui concerne l'industrie privée, cette surveillance est exercée par les Ingénieurs d'arrondissement avec les fonctionnaires de la police générale, et, dans les directions de Tomsk et d'Irkoutsk, par des commissaires de police spéciaux attachés au Département des Mines; 2° pour les industries autres que celle de l'exploitation des mines d'or et placers, des *Chambres* spéciales sont établies auprès des Directions et du Département; 3° dans les régions aurifères, la surveillance est exercée par des commissaires de police spéciaux nommés par le gouvernement; 4° pour prévenir les désordres, arrêter les fuyards et convoyer les transports d'or, les autorités détachent de la force armée et mettent à la disposition de la police locale un certain nombre d'hommes[1]; 5° dans les arron-

1. Notamment, les commissaires de police spéciaux ont à leur dis-

-dissements d'usines métallurgiques appartenant à l'État, la surveillance appartient à la Direction locale des usines et à la police générale. Chaque exploitant est tenu de loger, d'entretenir et de payer un détachement de police pour le maintien de l'ordre, l'escorte de l'or, etc.

Les *infractions aux règlements miniers* sont soumises, d'une façon générale, aux poursuites et aux pénalités indiquées par les lois générales et comportent l'intervention de l'autorité judiciaire et l'application du Code pénal (vol. XV du Corps des lois, 1re part., parag. 591 et suiv.). Certaines contraventions aux lois, concernant l'exploitation des mines et placers d'or, sont punies par des amendes, que les Directions des mines ont le pouvoir d'infliger (*Code minier*, liv. IV, tit. 1, parag. 1253-1263). Les *Chambres pour les affaires minières* peuvent également infliger de pareilles amendes. Les pourvois contre des décisions de ce genre ne sont admis, dans l'un et l'autre cas, que par voie administrative.

V. — Recrutement du Personnel technique.

Pour former des sujets compétents dans les sciences ayant rapport à l'industrie minière, on a créé en Russie plusieurs écoles. Ce sont :

1° L'*Institut des Mines de Saint-Pétersbourg* (fondé en 1773);

position, en Sibérie orientale, les cosaques; en Sibérie occidentale, les « strajniki », ou gardes civiques.

ADMINISTRATION. 17

2° Les *Écoles des Mines de Ekaterinebourg* (1725), *Dombrowa* (1889), et d'*Irkoutsk* (1893) ;

3° L'*École des maîtres mineurs de Lissitchansk* (1873) ; auxquelles il convient d'ajouter l'*École de Barnaoul* (1773), dans l'arrondissement de l'Altaï, dotée par le Cabinet de Sa Majesté (23 000 roubles annuellement) ; l'École fondée par *M. Poliakoff*, en 1877, près de la mine de Khorssoun, dans le Gouvernement d'Ekaterinoslaff, avec un subside annuel de 20 000 roubles ; *l'École de Tourinsk* et celles de *Nijnétaghilsk* et de *Krasnooufimsk*, soutenues par l'entreprise privée.

Le budget de l'Institut des Mines monte à 143 000 roubles, et les subventions données aux Écoles dépendant du Département des Mines atteignent le total de 56 000 roubles.

Au 1ᵉʳ janvier 1895, l'Institut des Mines comptait 309 élèves, et les autres Écoles, à l'exclusion de celle de Barnaoul, 319 élèves.

L'Institut des Mines, auquel on avait donné sous Nicolas Iᵉʳ une organisation militaire, reçut en 1866 de nouveaux statuts et devint une école de haute instruction scientifique et technique, dont les études, durant cinq ans, ont un but exclusivement minier et métallurgique. On y forme des Ingénieurs des mines.

L'École des mines de Lissitchansk et celle de M. Poliakoff forment des maîtres mineurs pour la région houillère du Donetz. L'École des Mines d'Ekaterinebourg forme, pour les usines de l'Oural, des contremaîtres et artisans habiles, des instituteurs propres à enseigner dans les écoles annexées aux usines, et prépare les enfants des fonctionnaires peu fortunés à prendre service dans l'administration minière. L'École d'Irkoutsk forme des maîtres mineurs pour les exploitations aurifères ; celle de Dombrowa, des contremaîtres pour les besoins de l'industrie des usines métallurgiques.

CHAPITRE III

LÉGISLATION RÉGLEMENTANT EN RUSSIE
L'EXPLOITATION DES GISEMENTS AURIFÈRES

La législation des mines de Russie est contenue dans le volume VII du *Corps des Lois de l'Empire* (édition de 1893), bien qu'un certain nombre de dispositions se rapportant au même sujet se rencontrent dans les volumes VIII, IX, XII, XIII et XV. En outre des règlements d'ordre général, le *Code Minier* contient, par titres spéciaux, les lois régissant : 1° l'industrie des mines dans le pays de l'armée des Cosaques du Don ; 2° l'industrie minière en Pologne ; 3° l'industrie privée sur les terres des domaines ; 4° l'exploitation de la houille à Sakhaline ; 5° l'exploitation de l'ambre ; 6° l'exploitation des gîtes aurifères ; 7° celle du pétrole ; 8° celle du sel. Nous résumerons dans les pages suivantes les principales dispositions prises à l'égard de l'exploitation des mines d'or.

Tout d'abord, observons que les terres sont, au point

de vue minier, divisées en Russie en quatre grandes classes :
a) les terres de toute propriété; *b*) les terres dites *de possession*; *c*) les terres du Domaine de l'État; *d*) les terres du Cabinet de Sa Majesté. Ces dernières sont la propriété particulière de l'Empereur, tandis que sous le nom de *terres de possession*, on désigne les terres (forêts, terrains, etc.) attribuées par l'État à certaines industries métallurgiques à titre de subvention : le nombre en est actuellement fort peu considérable. A ces catégories, on peut ajouter les *terres militaires*, concédées à certaines armées de Cosaques, colons militaires, et les *terres des paysans*.

Les articles concernant l'industrie aurifère sont — dans l'édition française[1] du *Code Minier russe* — les articles 416-540 (p. 123 et suiv.), dont nous donnons une analyse succincte.

I. — Terres ouvertes à l'exploitation.

a) *Sables aurifères*. — Dans toute la Sibérie, les particuliers peuvent s'adonner à l'exploitation des sables aurifères sur les terres de toute propriété, des Domaines de l'État ou du Cabinet de Sa Majesté. Toutefois, il y a

---

1. *Codes Miniers*. — *Recueil des lois relatives à l'Industrie des Mines dans les divers pays*, publiés sous les auspices du Comité central des Houillères de France. — *Russie*, traduction publiée sous la direction du Département des Mines du Ministère de l'Agriculture et des Domaines, 1895, Baudry et Cie, éditeurs, 15, rue des Saints-Pères, Paris.

les exceptions suivantes : pour les arrondissements miniers de l'Altaï et de Nertchinsk, la liste des localités où il est permis aux particuliers d'exploiter les placers constitue l'appendice au paragraphe 417 du *Code Minier* (p. 305 de l'édition française). En outre, en septembre 1894, on a ouvert à l'extraction privée de l'or les bassins des rivières Kadrine, Tchoui, Argoute et Katoune dans l'arrondissement de l'Altaï. Dans les Provinces de l'Amour et de Primorskoï, les règlements peuvent être l'objet de modifications reconnues indispensables en raison des conditions locales spéciales de ces pays.

b) Filons aurifères. — Les recherches et l'exploitation, par des particuliers, des gisements filoniens sont autorisés en tous endroits où est permise l'exploitation des placers, sauf dans les arrondissements de l'Altaï et de Nertchinsk, propriété particulière de Sa Majesté. Toutefois, si les gisements filoniens sont mis à découvert dans la « potchva » (*bed-rock*, lit du placer) de placers déjà exploités, il est permis aux propriétaires de travailler ces filons dans les frontières légales de leurs concessions.

II. — Droits des exploitants.

Les terres des Domaines et du Cabinet de Sa Majesté sont concédées aux particuliers *en jouissance temporaire*, pour l'industrie aurifère, jusqu'à l'entière extraction de l'or qu'elles contiennent.

Les propriétaires de concessions de sables aurifères peuvent travailler les filons découverts sur leurs lots, sans permission spéciale et sans impôt spécial, pourvu qu'une déclaration ait été faite à l'autorité compétente.

III. — Personnes autorisées à exploiter.

L'exploitation des gisements aurifères est permise aux personnes de toute condition, de nationalité russe ou étrangère, jouissant de la plénitude de leurs droits civils. Sont exceptés : 1° les israélites, dans les localités où il leur est interdit de fixer leur séjour ; 2° les employés des Administrations des Mines, de la Justice et de la Police ; 3° les employés de l'Administration centrale et générale de Sibérie dans les limites de leur circonscription administrative ; 4° les femmes et enfants de ces fonctionnaires.

De plus, dans la Province Maritime et les îles du littoral, l'exploitation de l'or, depuis 1885, est réservée aux seuls sujets russes.

Les personnes à qui il est défendu de se livrer à l'exploitation de l'or ne peuvent pas être les fondés de pouvoir d'autres personnes dans les exploitations aurifères.

IV. — Recherches et explorations.

Pour entreprendre la recherche de gisements aurifères (sables ou filons), toute personne, ou toute Société, est tenue de se munir d'un permis spécial, délivré sur papier timbré par la Direction des Mines, sans limitation de durée et non transférable ; puis, déclaration doit être faite, par écrit, à la police, des localités où les recherches seront faites, en spécifiant les noms des hommes faisant partie de l'équipe de recherches, le temps et le lieu de départ de l'expédition ; les passeports et papiers de chaque homme doivent être mentionnés. En même temps doit être versée la somme nécessaire à l'insertion, dans les gazettes locales, de la délivrance du permis de recherches. Pour les recherches *sur tout emplacement libre*, on peut occuper, pour les sables, une surface d'une longueur de 5 verstes et ayant la largeur de la vallée; pour les filons, une surface de 1 verste de rayon à partir d'un poteau indicateur portant la date du commencement des recherches et le nom de la personne ou de la Société. Cela fait, l'équipe conserve, aussi longtemps qu'elle demeurera sur cet emplacement, le droit d'y faire des recherches. Si l'emplacement est reconnu par l'industriel susceptible de faire l'objet d'une déclaration, il doit creuser au moins deux puits de fouille *montrant l'existence de l'or*, et placer des *poteaux de déclaration* remplaçant les *poteaux indicateurs de recherches*.

V. — Déclaration (Zaïavka).

Le gisement reconnu exploitable doit être déclaré à la Direction de police du district dans lequel la découverte a été faite, dans les formes prescrites au paragraphe 454 du *Code Minier* (édition française). Des copies de la déclaration doivent être envoyées par le déclarant (*zaïavitel*) ; l'une à la Direction des Mines, sans faute dans les trois mois, pour publication dans les gazettes locales, l'autre à l'Ingénieur d'arrondissement pour inscription dans le registre de demandes de concessions. La copie envoyée à la Direction doit être accompagnée du montant des frais d'insertion dans les journaux.

VI. — Obtention de concessions.

L'Ingénieur d'arrondissement, après avoir pris connaissance des copies de déclarations qui lui sont présentées, fait droit à celles qui satisfont aux exigences de la loi, et décide le concessionnement de lots pour les mines qui y sont désignées. Cette allocation des concessions (*otvod*) a lieu au printemps, en été ou en automne, et doit être effectuée *dans le délai de deux ans*, à partir de la décision de l'Ingénieur d'arrondissement, par les soins d'un Commissaire spécial d'allocations (*otvotchik*).

Dans la Sibérie occidentale et orientale, l'étendue entière du lot concédé pour l'exploitation des sables aurifères ne doit pas dépasser 5 verstes en longueur à partir du poteau indicateur ; en largeur elle peut comprendre toute la vallée, jusqu'à concurrence de 250 sagènes, en observant que les sources et ruisseaux alimentant la rivière des deux côtés ne doivent pas, même s'ils ne sont pas déjà l'objet de concessions antérieures, être annexés à la concession au delà de 250 sagènes à partir de leur embouchure. Le lot concédé pour un gisement filonien (*roudnik*) peut recevoir toutes les dimensions, pourvu que sa superficie ne dépasse pas une verste carrée, et que sa largeur soit au moins un tiers de sa longueur.

Une seule et même personne ou Société ne peut recevoir deux concessions contiguës ; après obtention d'une concession, une seconde ne peut leur être allouée qu'à une distance de 5 verstes au moins de la première ; cependant les détenteurs de lots contigus sont admis à former entre eux des Sociétés, après obtention des concessions.

En outre, les exploitants peuvent obtenir dans le voisinage de leurs lots miniers une concession de terrain pour y établir leurs magasins, moyennant le paiement d'un loyer spécial, après entente avec l'administration locale.

L'allocation une fois faite par le commissaire spécial, suivant les règlements sur l'arpentage, son journal de notes, les plans et la superficie de chaque lot sont envoyés à l'Ingénieur de l'arrondissement qui les transmet à la Direction des Mines. Celle-ci, dans le délai de six mois, après vérification et homologation, délivre au concessionnaire une copie du plan du lot concédé, et les notes de l'otvotchik certifiées et scellées du sceau de l'État ; la délivrance de ces plans comporte le paiement d'un droit de 2 kopeks par déciatine.

VII. — Allocation de mines par voie d'enchères.

En cas de non-observation des règlements édictés pour les recherches ou déclarations, les *zaiavitels* perdent leur droit à l'obtention de la concession, et les terres retournent au Domaine ou au Cabinet de Sa Majesté. De même, lorsqu'un concessionnaire ne désire pas utiliser le lot qui lui a été concédé, ou lorsqu'il n'en accuse pas réception dans le délai de deux ans, ce lot revient aux Domaines. Enfin, le même fait se produit si l'exploitant manque au paiement des taxes et redevances.

Les lots retournant ainsi aux Domaines sont mis en adjudication, par voie d'enchères, à la Direction des Mines, chaque année, du 1ᵉʳ au 15 février. Les enchères ont lieu exclusivement par offres présentées sous plis cachetés. Si deux ou plusieurs personnes offrent le même prix d'une mine, on décide par voie de tirage au sort. Les lots non vendus sont remis en vente l'année suivante.

VIII. — Travaux.

L'exploitant qui, après la demande d'allocation de la concession, est autorisé à établir sur l'étendue du lot des aménagements préparatoires, à y exécuter des travaux préliminaires et y entreprendre des fouilles plus minutieuses, peut commencer l'exploitation dès le reçu des documents portant concession de la mine. Le choix des méthodes d'exploitation est laissé à son appréciation, mais les travaux doivent être conduits sans danger pour la santé ou la vie des ouvriers. Les résidus contenant encore de l'or (*éféli*) ne doivent pas être mélangés aux déblais stériles (*torf*). Après l'épuisement de la mine, l'exploitant doit retourner à l'Ingénieur d'arrondissement les actes de concession. Les constructions doivent être enlevées dans le délai de six mois.

En Sibérie, le bois nécessaire pour les besoins de l'exploitation est pris, sans redevances, sur les terres du Domaine de l'État, sauf interdiction spéciale et locale faite par les Gouverneurs Généraux ou les conseils locaux du Gouvernement.

Les paragraphes 517 à 532 règlementent l'emploi de l'eau sur les mines d'or, sans offrir rien de particulier.

IX. — Redevances foncières et impôts sur l'or produit.

Le *Code Minier Russe* distingue deux sortes d'impôts : 1° la *redevance foncière*, calculée au prorata de la superficie du lot, payable à partir du jour de la remise à l'industriel des documents portant concession, due pour l'année courante le 31 décembre et sujette, en cas de non-paiement, à une amende de 10 p. 100 ; 2° l'*impôt en nature*, basé sur la quantité de métal pur (or et argent) extrait, et prélevé dans les laboratoires d'affinage.

Au point de vue de ces impôts, il faut distinguer les terres de propriété et celles de l'État, les terres de possession et celles du Cabinet de Sa Majesté (auxquelles sont assimilés les arrondissements de Verkhné-Oudinsk et de Bargouzinsk). Les localités aurifères sont elles-mêmes divisées en trois catégories sur les terres du Domaine.

CATÉGORIES	TERRES DE PROPRIÉTÉ ET TERRES DES DOMAINES		TERRES DE POSSESSION
	Redevance foncière.	Impôt par poud.	Impôt par poud.
1re CATÉGORIE Arrondissement de l'Olekma. . .	10 roubles par an et par déciatine . . .	10 p. 100	Une fois et demie l'impôt établi pour l'or extrait des terres de pleine propriété ou des terres des Domaines de l'État.
2e CATÉGORIE Arrondissement de l'Amour. . . .	3 roubles par an et par déciatine. . . .	5 p. 100	
3e CATÉGORIE Sibérie occidentale, Sibérie orientale; gouvernements de Perm, d'Orembourg et des steppes des Khirghis.	1 rouble par an et déciatine.	3 p. 100	

Sur les terres dépendant du Cabinet de Sa Majesté les redevances et impôts sont réglés comme suit :

LOCALITÉS	REDEVANCE FONCIÈRE	IMPOTS Pour une production par an.	Quotité de l'impôt.
Arrondissement de l'Altaï (et arrondissements de Verkné-Oudinsk et de Bargouzinsk).	0, R 15 par an.. et par sagène courante.	De 1 zolot. à 2 pouds....	5 p. 100.
		De 2 à 5 pouds.	5 p. 100 pour les 2 premiers pouds. 10 p. 100 pour le reste.
		5 pouds et plus....	10 p. 100 pour les 5 premiers pouds et 15 p. 100 pour le reste.
Arrondissement de Nertchinsk.	»		15 p. 100.
District de l'Amour (terres de Sa Majesté).	»		Par convention spéciale entre les exploitants et le Cabinet.

En sus de la redevance foncière et de l'impôt par poud, on exige des exploitants, pour les frais du transport de l'or jusqu'à l'Hôtel des Monnaies de Saint-Pétersbourg, depuis Irkoutsk 46 roubles, et depuis Tomsk 33 roubles par poud.

Il va sans dire que le transport de l'or, en sacs scellés de la mine au chef-lieu de police minière, et de ce point à la Direction des Mines, est aussi à la charge de l'exploitant. Ces frais, pour la Province Maritime, sont de 150 roubles par poud.

L'exploitant a encore à sa charge les frais de fusion de l'or, frais qui, d'après le nouveau règlement du 3 février 1897, sont fixés uniformément à 42 roubles 31 kopeks et demi par poud *d'or pur*.

Cet impôt par poud, au-dessus du moins d'une certaine limite, — 3 ou 5 p. 100, — est sans aucun doute nuisible au développement de l'industrie aurifère, puisqu'il contraint l'exploitant à ne travailler que des gisements assez riches pour lui permettre de payer d'abord le fisc, avant de songer à couvrir ses propres dépenses. — Il est à espérer que, au nombre des réformes que le gouvernement projette d'introduire dans le Code Minier, se trouvera l'abolition de cet impôt, dont on ne trouve l'équivalent dans aucune des législations minières des pays grands producteurs d'or.

CHAPITRE IV

LES GISEMENTS AURIFÈRES DE SIBÉRIE
AU POINT DE VUE GÉOLOGIQUE

I. — Distribution de l'or en Sibérie.

a) *Territoire dépendant de la Direction des Mines de Tomsk*. — Dans les arrondissements miniers de Tomsk, Tobolsk, Akmolinsk, Semipalatinsk et Semiretchensk, l'or se trouve dans les affluents de l'Ob. Actuellement, dans le *district de Semipalatinsk*, l'exploitation est concentrée sur les affluents du lac Zaïssan, du Narime et de l'Irtiche Noire ; *dans le district de Semiretchensk*, sur les affluents du lac Issik-Koule et du Ballkache et dans le district de Kopallsk. Dans l'*arrondissement d'Akmolinsk*, l'exploitation est concentrée dans le district de Koktchetavski, au sud de Pétropavlosk. Dans l'*arrondissement de Tomsk* (district de Mariinsk), l'exploitation aurifère occupe les bassins des rivières Tchoulime, Kia et Chaltire-Kojouch.

Dans l'*arrondissement de l'Iénisséi septentrional*, on lave les sables des rivières Sévaglicone, Ogné, Kalami et Enatchimo (bassin de la Podkammennaïa-Toungouska), Aktolik et Vangache (bassin du Pitt, affluent de l'Iénisséi).

Dans l'*Iénisséi méridional*, les rivières exploitées sont : l'Oudéréi, qui se jette dans la Kamenka, affluent de l'Angara, la Mamone, fort riche, la grande Mourojnaïa et le Pitt.

C'est-à-dire que les rivières et torrents de la « taïga[1] » aurifère d'Iénisséi forment trois systèmes :

1° Celui de la Podkammennaïa-Tougounska ;

2° Celui du Grand Pitt ;

3° Celui de l'Iénisséi et ses affluents.

La rivière Grand Pitt sert de limite entre l'arrondissement septentrional et l'arrondissement méridional.

Dans l'*arrondissement d'Atchinsk-Minoussinsk*, les placers exploités sont situés sur les rivières Iousse blanc et Iousse noir, Allguiaque, Amile, Sessine, Saïba, Kézire, Bliamik, etc.

b) Territoire dépendant de la Direction des Mines d'Irkoutsk. — Dans l'*arrondissement de Primorskoï* (Province Maritime), un groupe de concessions se trouve dans le bassin de l'Amour et un second dans l'île d'Askolde, où le fond de la mer est un sable aurifère que l'on exploite. Au nombre des affluents de l'Amour qui ont une importance au point de vue de la production de

---

1. Ce mot de *taïga* désigne la forêt vierge sibérienne, au sous-bois marécageux, coupé de fondrières, qu'on ne peut traverser qu'en hiver lorsque le sol est gelé.

l'or, il importe de citer la rivière Amgoune et ses tributaires la Sémi, le Némilène, etc.

Les mines d'or de l'*arrondissement de l'Amour* constituent quatre groupes distribués sur les affluents de gauche du fleuve Amour. Le premier groupe se trouve entre l'Amour et la Zéïa sur les contreforts de l'Albazine, à 100 verstes de l'Amour; ces mines sont les premières qui aient été découvertes par l'ingénieur Anossof (1866), dans le bassin de l'Amour; le second groupe comprend les affluents des rivières Guilia et Brianta, tributaires de droite de la Zéïa; le troisième groupe appartient au bassin de la Sélindja, tributaire de gauche de la Zéïa; enfin le quatrième groupe comprend le bassin du haut Nimane, affluent de gauche de la Bouréia.

L'*arrondissement d'Est-Transbaïkalie* comprend les affluents de l'Onone, de l'Ingoda, de la Chilka, de l'Ounda, etc.

Dans l'*arrondissement d'Ouest-Transbaïkalie*, l'exploitation est concentrée dans le district de Bargouzinsk sur les affluents d'amont du Vitim et dans le district de Verkhné-Oudinsk, sur les affluents du Tchikoï, tributaire de la Sélenga, laquelle jette ses eaux dans le Baïkal, puis dans l'Iénisséi.

L'*arrondissement minier de la Léna* comprend la région traversée par les contreforts des monts Iablonoï et presque enfermée des quatre côtés par les rivières Léna, Vitim et Olekma. Une de ces montagnes divise l'arrondissement en deux districts, celui de Vitim et celui d'Olekma. L'arrondissement minier de la Léna comprend encore l'arrondissement administratif de Kirinsk, du Gouvernement d'Irkoutsk, mais les sables y sont pauvres et d'une exploitation difficile, et en 1893 la production d'or y a été de moins d'un poud.

Enfin l'*arrondissement de Biriouzinsk* comprend la rivière Birioussa, les affluents de la Toungouska (tributaire de l'Iénisséi) et la Haute-Léna ; c'est aujourd'hui le plus pauvre de ceux qui dépendent de la direction des mines d'Irkoutsk, après avoir occupé la première place dans l'exploitation de l'or en Sibérie.

c) *Territoire dépendant du Cabinet de Sa Majesté.* — Dans l'*arrondissement de l'Altaï* on exploite l'or sur les rivières Souenga, Tersia, Balixa, Lebed, tributaires de l'Ob. Les placers de la rive gauche du Tom sont exploités par des Compagnies de Pétersbourg, par une permission exceptionnelle de l'Empereur. Sur la rive droite du Tom, l'exploitation est libre et on travaille les sables des rivières Tom, Alakane, Tchoulichmane, Haute-Katoune, Bouchtarma, etc.

L'*arrondissement de Nertchinski-Zavod* a été exploré dès 1877, mais ses gisements ne furent travaillés qu'en 1832. La liste des terres réservées à Sa Majesté se trouve, comme nous l'avons dit, page 305 de l'édition française du *Code Minier* Russe.

Le tableau ci-après résume les indications précédentes.

LES GISEMENTS AU POINT DE VUE GÉOLOGIQUE.

ARRONDISSEMENTS MINIERS		RIVIÈRES SUR LESQUELLES L'EXPLOITATION est la plus développée.
Direction des Mines de Tomsk.	Tobolsk-Akmolinsk. . . .	District de Koktchetavsky (Pétropavlosk).
	Sémipalatinsk - Sémiretchéusk	Tributaires du lac Zaïssan ; affluents de l'Irtyche noir et du Narime ; Cours d'eau se jetant dans le lac Issik-Koule ; affluents du Balkache.
	Tomsk.	District de Mariinsk sur les rivières Tchoulime, Kia, Chaltire-Kojouch.
	Iénisséi du nord	Sévaglicone, Ogne, Kalami, Enatchimo, Aktolik, et Vangache.
	Iénisséi du sud.	Oudéréi (affluent de la Kamenka), Grande-Mourojnaia et Pitt.
	Atchinsk-Minoussinsk . . .	Rivières Iousse blanc et Iousse noir ; Alguiaque, Amile, Sessime, Saïba, Kézire, Bliamik.
Direction des Mines d'Irkoutsk.	Primorskoï.	Bas Amour : ses affluents, dont l'Amgoune et les tributaires de ce dernier.
	Amour.	Affluents de gauche du cours moyen de l'Amour : la Zéia ; tributaires de la Guilia et de la Brianta, affluents de droite de la Zéia ; bassin de la Sélindja, affluent de gauche de la Zéia ; bassin du Nimane, affluent de gauche de la Bouréia.
	Est-Transbaïkalie.	Rivières Onone, Chilka, Ingoda, Ounda, Kouenga.
	Ouest-Transbaïkalie. . . .	Affluents du haut Vitim (district de Bargouzinsk) et tributaires du Tchikoï (district de Verkhné-Oudinsk).
	Léna.	Affluents du bas Vitim : l'Olekma et ses affluents ; la Léna (district de Kirinsk).
	Biriouzinsk.	Biriousa : Toungouska supérieure et ses affluents (tributaires de l'Iénisséi) ; haute Léna.
Cabinet de S. M.	Altaï.	Rivières Souenga, Tersia, Balixa, Lebed, tributaires de l'Obi ; rive gauche du Tom.
	Nertchinsk.	Voir liste spéciale dans le *Code Minier.*

En résumé, on voit que la superficie actuellement reconnue comme aurifère s'étend sur le versant sud de la grande arête montagneuse qui, partant des steppes du Turkestan pour aller mourir le long de la mer d'Okhotsk, traverse le continent asiatique en diagonale avec une direction sud-ouest nord-est. Depuis le méridien de Tobolsk jusqu'au Pacifique, cette bande a une longueur d'environ 7000 kilomètres avec une largeur moyenne de 600 kilomètres : c'est donc une surface de plus de 4 millions de kilomètres carrés.

Il convient d'ajouter que le pays n'a été que superficiellement prospecté, en raison du manque de voies de communications, de l'impossibilité de circuler en été au milieu des forêts sibériennes, et de la difficulté qu'on éprouve en hiver à faire des recherches, lorsque tout affleurement et tous indices sont recouverts par la neige.

De plus, dans la partie orientale, du côté d'Iakoutsk, les explorations n'ont pas dépassé le 62° de latitude, bien que l'on sache qu'un filon aurifère très riche se trouve dans les monts Verkhoïansky, entre la Léna et l'Ayane.

II. — Caractères généraux distinctifs des placers de Sibérie.

L'immense étendue recouverte par les alluvions aurifères de Sibérie est sans aucun doute la cause première de la difficulté que l'on a éprouvée à les étudier systématiquement, au point de vue de leur allure géologique et de leur formation. Une autre raison est que l'impénétrable forêt vierge du nord (*Taïga*), avec son abondante végétation, ses arbres tombés, et surtout son sous-bois marécageux, s'opposent aux recherches géologiques. Il est impossible dans la plupart des cas d'y suivre les différents « *strata* », d'y reconnaître les affleurements de filons, de se rendre compte de la composition du sous-sol.

D'autre part, ce n'est qu'en 1886 qu'on a senti le besoin de créer à Irkoutsk un bureau d'études géologiques, bien qu'en 1843 déjà le Département des Mines eût envoyé en Sibérie le colonel Hofman pour y étudier les mines d'or.

Les renseignements que l'on a sur les placers sibériens sont donc épars dans un grand nombre de monographies, et tant que le Comité géologique du Chemin de fer sibérien n'aura pas publié le résultat de ses travaux, il sera difficile de présenter une vue d'ensemble à ce sujet.

A l'encontre des grands gisements des Montagnes-Rocheuses (Californie et Colombie britannique) qui sont d'époque prétertiaire, ainsi qu'en attestent les laves qui les recouvrent, les alluvions de Sibérie appartiennent à l'époque quaternaire et sont de formation récente. On a cru reconnaître l'existence de placers plus anciens, mais sans la bien démontrer encore, leur étude n'ayant pas été faite d'une façon assez complète. Cependant M. Obroutcheff (*Mémoires de la section de la Sibérie orientale de la Société de Géographie Impériale Russe*, t. XXIII, 1892) aurait constaté dans la région de l'Olekma des placers profonds, remontant à la période préglaciaire et développés surtout dans les bassins des rivières Ougakane et Radalikane. Des placers anciens ont été aussi décrits par le géologue Makéroff dans le bassin de la Zéia.

D'ailleurs, au point de vue économique, les placers récents seuls jouent un rôle important par la quantité d'or qu'on en retire.

Occupant des vallées généralement à faible pente, souvent marécageuses, les placers sibériens ont pour caractère distinctif que le *plast* ou couche payante (*pay-gravel*), surmontant la *potchva* ou *bed-rock*, se trouve, dans l'immense majorité des cas, recouvert d'une couche stérile que l'on appelle *torf* : ce mot, qui signifie tourbe, s'expliquant par ce fait que, lorsque le premier placer fut découvert dans le district d'Ékatérinebourg, on le trouva surmonté d'une véritable tourbe.

Les régions aurifères sont aussi généralement caractérisées par la présence de collines basses et arrondies, témoignant de l'action destructive intense des agents atmosphériques sur le squelette rocheux du pays.

Les placers sont à une altitude moyenne au-dessus du niveau de la mer; dans l'Oural, on les rencontre à des

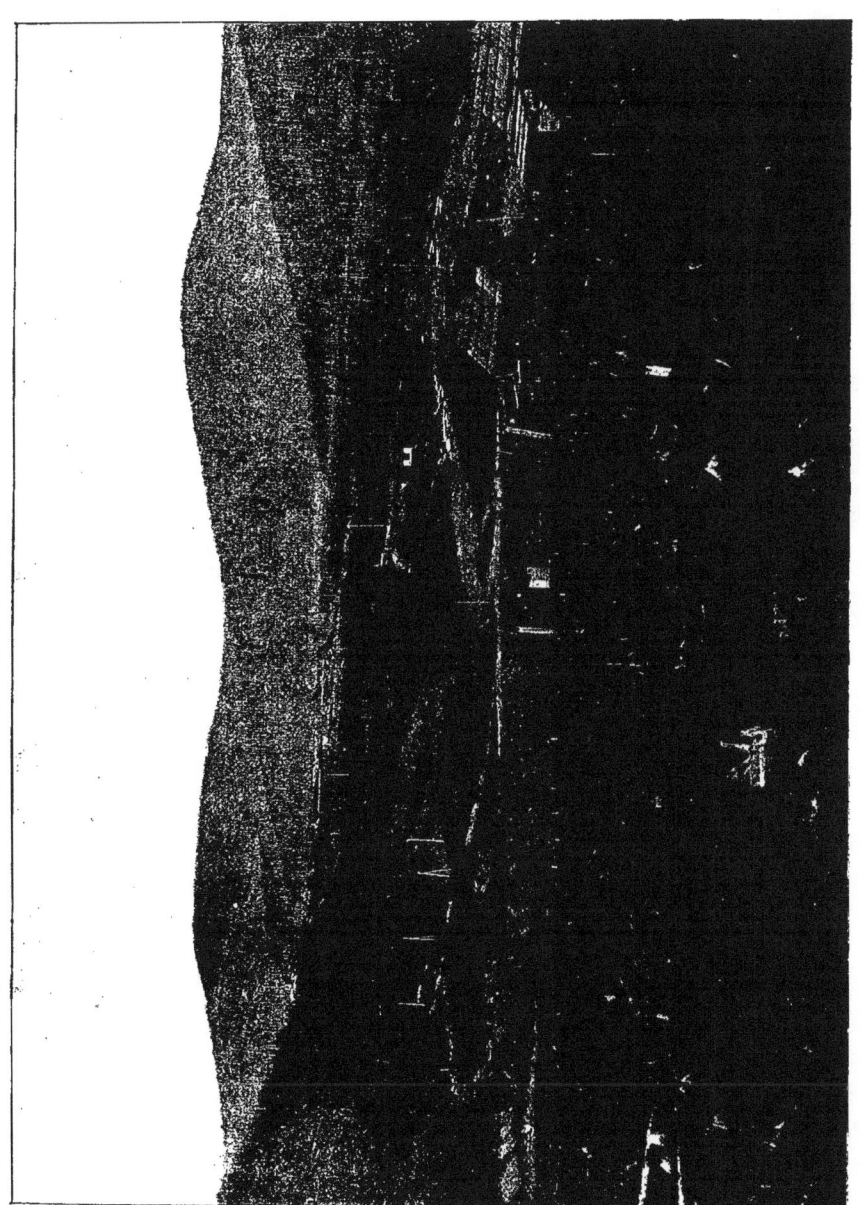

1. — Vue générale d'une vallée aurifère. — Placers de la Cie de l'Amgoune (Province du Littoral).

hauteurs variant de 150 à 300 mètres, dans l'Alataou à 600 mètres; dans les vallées de l'Olekma, entre 600 et 750 mètres, dans l'Iénisséi, entre 750 et 600 mètres.

Outre l'or natif, fréquemment à l'état de grosses pépites, on trouve dans les sables sibériens de la pyrite de fer, souvent arsénicale, et tous les produits de sa décomposition : oxyde magnétique, limonite, hématite, etc.

Le cuivre se rencontre quelquefois natif, quelquefois à l'état de chalcopyrite ; le plomb a été trouvé comme sulfate, carbonate, phosphate ou sulfure. Le bismuth natif a été constaté dans la vallée de la rivière Sévaglicone (Iénisséi septentrional) et dans quelques vallées de l'Altaï.

Parmi les pierres dures, on a trouvé le grenat, le rutile, la tourmaline, le zircon, la cassitérite, etc., etc.

Les restes organiques les plus nombreux ont été ceux du Mammouth (*Elephas primigenius*). En 1840 on évaluait à plus de 20 000 le nombre de ces animaux trouvés ; quelques-uns, ayant encore des parties molles, ont été mis au jour dans les argiles gelées de l'extrême nord. Le *Rhinoceros tichorinus* est aussi fréquemment rencontré. On a encore retiré des sables des fragments de squelette de *Bos primigenius* et d'*Ovis* (arrondissement de Nertchinsk).

L'état de conservation des mammouths, animaux devant vivre au milieu d'une végétation abondante, indique d'une façon péremptoire la rapidité avec laquelle la période glacière a dû s'étendre sur les grandes plaines de la Sibérie, dans laquelle l'invasion des glaces est venue, probablement, à la fois de l'océan Glacial et des neiges de la grande ligne de partage des eaux de l'Asie.

Enfin l'on a rencontré des restes humains : un crâne, à 3 mètres de profondeur, dans la mine Tchtogolev, en 1860, des foyers et une dalle couverte d'inscriptions dans la mine de Proroko-Illinsky, bassin de la Kigass.

Une circonstance tout à fait particulière aux placers sibériens, surtout à ceux de l'arrondissement de la Léna, du district de la Zéia, etc., c'est que le sol est perpétuellement congelé, ou ne se dégèle que très difficilement pendant l'été. Près des sources des rivières se trouvent quelquefois des endroits non congelés nommés *taliki*, dont la présence est due, croit-on, à des sources souterraines tièdes ou chaudes.

III. — Caractères particuliers et richesse moyenne des sables dans les différents districts aurifères.

a) Roches dominantes. — Dans la région de l'Altaï, les roches prédominantes affleurant, ou que l'on met à nu comme *bed-rock* des alluvions, sont des grès et des schistes argileux, auxquels se mêlent des roches métamorphiques à proximité de granites et de diorites.

Les roches dominantes dans les arrondissements d'Iénisséi, tant dans celui du Nord que dans celui du

Sud, sont des schistes métamorphiques, avec prédominance de schistes argileux, et passage, en certains endroits, à des schistes micacés ; dans l'arrondissement du Nord, plus fréquemment que dans celui du Sud, on rencontre des granites, des gneiss, des diorites et des porphyres, avec, par places, des grès et des conglomérats. Les sables aurifères se trouvent généralement dans les schistes, suivant leurs lignes de contact avec des granites amphiboliques ou des diorites, et c'est près de ces contacts que l'on peut, avec chances de succès, commencer des recherches. Dans l'Iénisséi méridional, sur les contreforts des monts Saïanski, prédominent les granites, syénites et schistes métamorphiques.

Dans la province de Iakoutsk, dans le district des rivières Olekma et Vitim, on remarque une puissante formation de granito-syénite, qui, par places, devient plus lamelleux et passe au gneiss ; celui-ci passe lui-même aux schistes micacés, chloritoschistes, talcschites et argillites.

Dans les vallées du district de Nertchinsk, on a rencontré des granites, gneiss, syénites et diorites.

Enfin, dans le bassin de l'Amour, les roches les plus fréquemment rencontrées sont les gneiss micacés et amphiboliques, mêlés à des schistes, avec cette caractéristique du passage insensible d'une roche à l'autre.

b) Puissance et richesse des alluvions. — Les sables

aurifères des Gouvernements de la *Sibérie Occidentale* ainsi que ceux du *Gouvernement d'Iénisséi*, c'est-à-dire de la région dépendant de la Direction des Mines de Tomsk, présentent de fortes différences avec ceux de la *Sibérie Orientale*. Les premiers de ces gisements sont pauvres, contenant de 20 à 30 dolis aux 100 pouds (de 90 à 135 milligrammes au mètre cube), peu larges, à couches payantes minces, irrégulières et discontinues. Les placers des Gouvernements des Steppes et de Tobolsk sont ceux qui contiennent le moins de métal (en 1895, 12 8/10 dolis et 20 58/100 dolis aux 100 pouds respectivement, soit $57^{mmg},5$ et $92^{mmg},6$ au mètre cube). On trouve là des chantiers qui ne peuvent guère occuper que dix à quinze ouvriers, sans qu'il soit même question de pouvoir employer des chevaux pour le roulage.

Les placers de l'arrondissement d'Iénisséi ont été célèbres autrefois pour leur richesse, la puissance de leur couche payante et l'uniformité de leur teneur ; mais leurs parties les plus riches ont déjà été entièrement exploitées et ils ne sont plus bons maintenant qu'à alimenter la petite industrie.

L'épaisseur du *torf* y varie de 1 archine à 5 sagènes et plus ($0^m,70$ à $10^m,65$); le *plast* a une puissance de 1/2 archine à 3 archines ($0^m,35$ à $2^m,15$); comme puissance exceptionnelle de *plast*, on peut citer certains placers de la rivière Ogné, où il dépasse 20 archines ($14^m,20$) et ceux de la Société Astacheff où il atteint

15 archines ($10^m,65$)[1]. La largeur du *plast* est ordinairement de 15 sagènes (32 mètres); elle atteint quelquefois 100 et 200 sagènes (rivière Enatchimo); la pente des rivières varie de 1/4 à 6 verschoks par sagène (5 à 125 millimètres par mètre).

En 1895, la richesse moyenne des sables travaillés a été : pour l'Iénisséi septentrional, de 28,33 dolis aux 100 pouds ($1^{gr},246$ au mètre cube); pour l'Iénisséi méridional, de 27,30 dolis aux 100 pouds ($1^{gr},201$ au mètre cube).

Au contraire, les placers du *district de Nertchinsk*, de la *contrée du fleuve Amour*, et de l'*arrondissement de la Léna*, se font remarquer par la puissance de leur couche payante, leur étendue et leur continuité.

Dans l'arrondissement de Nertchinsk (Est-Transbaïkalie), on a distingué trois systèmes : celui de la Chilka, le plus à l'ouest et le plus riche; le système Central, jusqu'aux sources de l'Onone et le système Oriental, qui est le plus pauvre. La teneur moyenne des placers est d'environ 60 dolis ($2^{gr},660$ au mètre cube) à 1 zolotnik ($4^{gr},265$ au mètre cube). Au placer de la Kara, le sable tient en moyenne 1 zolotnik ($4^{gr},265$ au mètre cube), bien qu'il soit aujourd'hui fort épuisé. La couche aurifère y a une puissance de 2 à 4 archines ($1^m,40$ à $2^m,80$), et la teneur atteint 2 et 3 zolotniks aux 100 pouds ($8^{gr},53$ et

---

[1]. Par contre, dans la vallée de la Sévaglicone, le plast était mince, mais l'épaisseur du torf était à peu près nulle.

12^{gr},79 au mètre cube). C'est là que prédomine la grande industrie, et c'est là aussi qu'on trouve des placers recouverts par une épaisse couche de stériles et exploités par des travaux souterrains.

Dans le bassin de l'Amour, l'épaisseur moyenne du stérile est de 1 sagène (2^m,13) et celle des sables payants d'environ 1/2 sagène (1^m,06), de sorte que toutes les concessions sont facilement travaillées à ciel ouvert; ce n'est que sur quelques alluvions de la rivière Nimane que l'on voit des travaux souterrains là où le stérile atteint 20 pieds (6^m,09) d'épaisseur et la couche payante 9 pieds (2^m,74).

Les alluvions du bassin de la Léna présentent cette particularité que l'or se trouve non pas dans une, mais dans deux, et quelquefois dans trois couches payantes; dans le district de l'Olekma, la teneur moyenne est de 1 1/2 à 1 3/4 zolotniks aux 100 pouds (6^{gr},40 et 7^{gr},46 au mètre cube); dans le district du Vitim, elle va de 3 à 4 3/4 zolotniks aux 100 pouds (12^{gr},80 à 20^{gr},25 au mètre cube), et même sur la concession Predtéchensky, de la Compagnie de la Léna, la teneur moyenne a atteint 6 zolotniks 87 dolis (environ 29^{gr},75 au mètre cube). L'or est gros, fréquemment en pépites et souvent cristallisé. En revanche l'épaisseur des stériles est souvent de 10 sagènes (21 mètres) et atteint même 20 sagènes; de plus, la masse des stériles et du sable payant est éternellement gelée. Dans les torfs on rencontre souvent des blocs de roche pesant jusqu'à 50 pouds (820 kil.) à une profondeur de 8 à 12 archines).

IV. — Gites filoniens.

Les gites filoniens ont jusqu'à présent été fort peu exploités en Sibérie : l'étude même n'en procède que très lentement, et sur une production d'or annuelle de plus de 2 000 pouds, c'est à peine si 175 pouds proviennent de l'exploitation des filons.

QUANTITÉ D'OR EXTRAITE DES FILONS PENDANT 10 ANS (1885-1894)

	1885	1886	1887	1888	1889	1890	1891	1892	1893	1894
	p. l.	p. l.	p. l.	p. l.	p. l.	p. l.	p. l.	p. l.	p. l.	p. l.
Oural septentrional . . .	24,26	32,39	36,15	37	41,2	37,39	29,15	39,3	27,12	24,29
Oural méridional . .	66,22	68,10	93,38	111,23	105,14	113,6		96,25	116,16	133,31	130,19
Arrondiss^t de Tomsk .	4,31	6,9	6,27	6,26	6,3	5,34	5,32	4,15	4,13	9,15
Arrondiss^t d'Iénisséi .	1,26	5,20	7,23	3,20						
De l'Est-Transbaïkalie . .	12,19	21,28	19,3	13,13	19,27	18,5	13,29	15,35	17,26	12,2
Total . . .	110,4	134,26	163.26	172,2	172,6	177,2	145,21	173,27	183,2	176,25

Les filons ne sont pourtant pas inconnus : dans un très grand nombre de placers on en a trouvé recoupant le *bed-rock* mis à nu par les travaux et on a pu constater que, généralement, l'or y était enfermé à l'état de pyrite. Mais le manque de connaissances pratiques, la difficulté de se procurer des ouvriers et des contre-maîtres habiles, l'impossibilité presque complète de faire venir sur les chantiers le matériel pesant indispensable pour une exploitation souterraine ont été les causes directes de l'abandon dans lequel on a laissé les gisements primitifs.

Dans l'*Altaï*, près d'un village du nom de Salayr, dans les vallons qui débouchent sur la vallée de la rivière Ossinovka, on trouve fréquemment des veines de quartz aurifère.

En 1831, sur l'une de ces veines, l'on a exploité 3 039 pouds (49 781 kilogrammes) de minerai dont on a extrait 1 livre 25.$\frac{1}{7}$ dolis (410^{gr},643) d'or natif, soit 8^{gr},247 à la tonne ; d'un autre filon, on a retiré 5 012 pouds contenant 7 livres 58.$\frac{3}{8}$ zolotniks (2869^{gr},233) d'or, soit 34^{gr},948 à la tonne. Les travaux n'atteignirent qu'une profondeur de 11 sagènes et furent abandonnés en raison de la difficulté d'aérer les galeries. Il serait facile d'obtenir l'autorisation de travailler les filons aurifères de l'arrondissement d'Altaï (arrondissement minier de Tomsk) sur les terrains dépendant du Cabinet de Sa Majesté, car l'administration ne s'en occupe nullement, si ce n'est des filons des mines Zirianofsk et Ridersk, où l'on exploite des veines aurifères accompagnant de la galène argentifère.

Dans l'*Iénisséi*, on a exploité des filons aurifères sur

la rive droite de la rivière Ribnaïa : une galerie de recherches, faite en 1886 dans la mine de Kosmodémiansk, après avoir traversé des schistes argileux et des micaschistes recoupés par des veinules de pyrites, a rencontré un filon de quartz d'une puissance de 23 centimètres, à 16 archines (11^m,38) en dessous de la surface du sol ; la teneur en or était de 20 zolotniks aux 100 pouds (52^{gr},08 à la tonne). Des échantillons ont même donné 45 zolotniks (117^{gr},171 à la tonne). Le filon a une direction nord-ouest, sud-est, en concordance avec celle des schistes encaissants.

Dans la *Transbaïkalie*, on a exploité des filons aurifères dans la région du Tyrim et de la Birtza, arrosée par des affluents de gauche de l'Onone. Une puissante venue granitique a soulevé les schistes siluriens, et l'on trouve les filons exploités par les Compagnies de l'Onone et de Biélogolovy au voisinage des points où le granite a tourné à la granulite ou aplite. Au commencement de l'exploitation, la teneur en or était de 27 zolotniks aux 100 pouds (70^{gr},301 à la tonne), puis elle est tombée à 18 zolotniks (46^{gr},872, à la tonne) ; elle est maintenant de 7 zolotniks (18^{gr},221). La puissance du filon est de 1 à 15 verschoks (0^m,044 à 0^m,67).

Les quartz sont traités dans un moulin de vingt pilons à Baïan-Zourga, moulin très défectueux, et par deux moulins, de vingt-quatre pilons chacun, à la Compagnie de Biélogovy, également de types démodés. — Mal gérées, et avec des travaux préparatoires insuffisants, ces deux exploitations sont loin de donner les résultats que l'on pourrait attendre.

Sur la rivière Ilia se trouve le gisement aurifère de Evdokié-Vassilievski, dans un cap, à 75 mètres environ au-dessus du niveau de la rivière. Le massif de ce cap est formé par du granite porphyroïde à biotite ; la longueur du gisement est de 100 sagènes (213 mètres) ; sa largeur est de 70 sagènes (149 mètres). L'or est contenu dans le granite, ce dernier passant quelquefois à l'aplite (granite sans mica) ; le granite contient, en outre, de la pyrite de fer, de l'oxyde de manganèse et de la malachite en petites quantités. L'or est disséminé à l'état de petits grains ou d'aiguilles. Le granite est surtout riche en or au voisinage de deux dykes de porphyre quartzifère, distants de 25 sagènes environ et puissants de 5 à 6 sagènes. La teneur en or a oscillé depuis 1879 entre 4 et 8 zolotniks aux 100 pouds (10^{gr},416 à 20^{gr},832 à la tonne).

Répétons-le, la lenteur de ce développement des gîtes primitifs aurifères provient des causes suivantes : insuffisance des moyens de transports ; abandon de la direction des travaux à de simples ouvriers sans d'autres connaissances que celles acquises dans les chantiers ; absence, dans les exploitations de mines d'or, d'hommes doués d'une éducation technique et scientifique ; manque d'entreprise ; scepticisme à l'égard de toute innovation.

V. — Origine probable de l'or.

Comme nous l'avons déjà fait remarquer, les placers de Sibérie se trouvent au nord et au nord-est du grand soulèvement qui traverse l'Asie du sud-ouest au nord-est. Cette vaste plaine, coupée par des fleuves importants, la *Sélenga-Angara-Iénisséi* (4750 kilom.), l'*Ob* (4230 kilom.), la *Léna* (4040 kilom.) et l'*Amour* (4360 kilom.) porte encore les traces d'une activité glaciaire considérable.

Dès lors, la genèse des placers sibériens, si l'on tient compte des études faites dans les autres pays : États-Unis, Australie, Europe, etc., peut se ramener aux faits suivants : les sédiments siluriens ou dévoniens, — que les géologues les plus compétents s'accordent à regarder comme la source à peu près universelle de l'or par la pyrite aurifère qu'ils contiennent, — soulevés à l'époque de la formation de la grande chaîne asiatique, auraient été fissurés et brisés. Les fissures, remplies par le quartz et la pyrite, arrachés au schiste par la circulation des eaux profondes, seraient devenues les veines que l'on a reconnues et celles que l'on trouvera dans les massifs montagneux encore inexplorés. Puis, les actions atmosphériques puissantes de la période glaciaire agissant sur la surface du sol comme un gigantesque rabot, délitant les affleurements, arrondissant les collines, comblant les vallées, nivelant la vaste plaine boréale, auraient donné naissance aux placers que l'on exploite.

Si cette théorie de formation des alluvions aurifères, vérifiée dans les autres pays grands producteurs, se trouve être également vraie en Sibérie, et applicable pour y expliquer le mécanisme des alluvions, ce serait au sud des emplacements exploités aujourd'hui que devrait se porter les recherches systématiques des gisements primitifs.

On sait déjà que les massifs de l'Altaï contiennent des gîtes de plomb, d'argent, de cuivre ; et nombreux sont les échantillons de minéraux de toute sorte rapportés par les chasseurs et les forestiers. C'est dans ces massifs et ceux qui en sont la continuation vers l'ouest, en même temps que le pâté montagneux qui se dirige au nord-est depuis la Mandchourie, qu'il faudra chercher la richesse durable de la Sibérie. La chaîne du Khingane (*Montagne de l'or* en chinois) est, dit-on, riche en minéraux, et c'est d'elle et de ses contreforts que doit provenir l'or des placers de l'Oussouri et du Bas-Amour. Il en est de même des chaînes qui sillonnent le haut plateau du Vitim, et de celles qui bordent la mer d'Okhotsk. Là sont les sources de l'or sibérien, et c'est là que s'établira sans doute, dans un avenir peu éloigné, une exploitation plus durable que celle des alluvions et contribuant mieux que cette dernière à la colonisation et à la mise en valeur du pays.

LIVRE II

CONDITIONS LOCALES INFLUANT SUR L'EXPLOITATION

CHAPITRE PREMIER

LE CLIMAT

Le climat de la Sibérie est sans contredit plus rigoureux que celui des autres pays de même latitude.

L'Océan qui la baigne au nord est un océan glacé : aucune barrière n'empêche la circulation des vents polaires, tandis que la grande chaîne de l'Asie centrale la protège des courants chauds du sud et du sud-est ; d'où, pour les régions sibériennes, un climat moins clément et plus excessif que celui des endroits situés à des latitudes correspondantes en Europe ou dans l'Amérique du Nord (sauf dans les placers du nord au centre du Canada, — lesquels cependant bénéficient en été de certains courants chauds venant du Mexique et des Antilles). De là, encore, des conditions climatériques spéciales. Nous donnons dans les tableaux suivants les chiffres résumant les observations qui ont été faites sur la température dans les diverses divisions politiques de la Sibérie. Ces chiffres sont en degrés centigrades.

Remarquons d'abord que la Sibérie peut, du nord au sud, se diviser en trois grandes zones :

1° La zone *polaire* ou *de la toundra*, s'étendant de l'océan Glacé jusqu'au cercle polaire, avec des contours assez capricieux; la végétation y est réduite à des herbes, des mousses, des lichens; le sol est perpétuellement gelé.

2° La *zone forestière*, s'étendant depuis le cercle polaire jusqu'aux 50° ou 55° de latitude, — caractérisée par des forêts épaisses coupées de marécages.

3° La *zone cultivable*, descendant jusqu'à la frontière chinoise : les étés y sont chauds et fécondants, on peut y cultiver le froment, le seigle, l'avoine et y pratiquer l'élevage.

LE CLIMAT.

1° **Sibérie occidentale** (Gouvernements de Tobolsk et de Tomsk).

	ZONE AGRICOLE (jusqu'au 54° environ)	LOCALITÉS correspondantes en RUSSIE D'EUROPE	ZONE des FORÊTS (du 54° au 63°)	LOCALITÉS correspondantes en RUSSIE D'EUROPE	ZONE POLAIRE (au delà du 63°)
Température moyenne de l'année.	+ 0°,3	+ 3°	— 2°	+ 1°	— 5°
— de l'hiver.	— 17°	— 11°,5	— 20°	— 14°	— 21°
— du mois le plus froid. .	— 18°	— 12°,5	— 22°	— 16°	— 23°
— — le plus chaud .	+ 19°,5	+ 19°	+ 18°	+ 17°	+ 18°
— de l'été.	+ 17°,5	+ 17°	+ 14°	+ 16°	+ 13°,5
Différence entre les moyennes d'été et d'hiver.	35°	28°	34°	30°	34°
Différence entre les mois le plus chaud et le plus froid. .	39°	32°	40°	33°	41°
Température moyenne de la période de travail (du 1er mai au 15 septembre).	+ 15°	+ 15°	+ 12°	+ 13°	+ 9°

2° **Sibérie orientale.** — a) *Gouvernements d'Iénisséï et d'Irkoustk.*

	ZONE AGRICOLE		ZONE DES FORÊTS		ZONE POLAIRE	
	SIBÉRIE Orientale.	SIBÉRIE Occidentale.	SIBÉRIE Orientale.	SIBÉRIE Occidentale.	SIBÉRIE Orientale.	SIBÉRIE Occidentale.
Température moyenne de l'année	— 0°,23	+ 0°,33	— 2°	— 3°	— 13°	— 3°
— — de l'hiver	— 18°	— 17°	— 21°	— 20°	— 30°	— 21°
— — du mois le plus froid	— 20°	— 18°	— 23°	— 22°	— 34°	— 23°
— — de l'été	+ 16°,5	+ 17°,5	+ 15°	+ 14°	+ 5°	— 13°,5
— — du mois le plus chaud	+ 19°	+ 19°,5	+ 9°	+ 18°	+ 9°	+ 18°
Différence entre les moyennes d'été et d'hiver	35°	35°	36°	34°	35°	34°
Différence entre les mois le plus chaud et le plus froid	39°	39°	43°	40°	43°	41°
Température moyenne de la période de travail (du 1ᵉʳ mai au 15 septembre)	+ 14°	+ 15°	+ 11°	+ 12°	Période trop brève pour que le travail soit possible.	+ 9°

b) *Province de Iakoutsk.*

	ZONE BOISÉE	ZONE POLAIRE
Température moyenne de l'année	— 8°	— 17°
— — de l'hiver	— 33°	— 47°
— — du mois le plus froid	— 36°	— 49°
— — de l'été	+ 15°	+ 13°
— — du mois le plus chaud	+ 17°	+ 15°
Différence entre les moyennes d'été et d'hiver	48°	60°
— la moyenne des mois le plus chaud et le plus froid	50°	64°
Température moyenne de la période de travail	+ 11°	Pas de période où le travail soit possible.

LE CLIMAT.

3° Gouvernement général de l'Amour. — *a) Province de Transbaïkalie et Province de l'Amour.*

	TRANSBAÏKALIE	PROVINCE DE L'AMOUR		ZONE AGRICOLE	
		BLAGOVIESTCHENSK	NIKOLAÏEFSK	SIBÉRIE ORIENTALE	SIBÉRIE OCCIDENTALE
Température moyenne de l'année.	— 2° 3/4	— 1°,3	— 2°,6	— 0°,23	+ 0°,33
— de l'hiver.	— 25°	— 24°	— 22°	— 18°	— 17°
— du mois le plus froid.	— 28°	— 27°	?	— 20°	— 18°
— de l'été.	+ 17°	+ 19°	+ 15°	+ 16° 1/2	+ 17°,5
— du mois le plus chaud	+ 19°	+ 21°	?	+ 19°	+ 19°,5
— de la période de travail.	+ 13° 1/2	+ 15°,6	+ 11°,6	+ 14°	+ 15°
Différence entre les moyennes de l'été et de l'hiver.	42°	43°	37°	35°	35°
Différence entre les mois le plus chaud et le plus froid	47°	48°	?	39°	37°,5
Précipitation atmosphérique annuelle, en millimètres.	290	500	500	360	380

3° **Gouvernement général de l'Amour.** — b) *Province Maritime (Primorskoï)*.

	RÉGION DE L'OUSSOURI			ILE DE SAKHALINE		KAMTCHATKA ET MER D'OKHOTSK				
	Baie de Ste Olga	Vladi-vostok	a-rovsk.	Port Doué.	Poste Kourointf.	Oudsk.	Aïane.	Okhotsk.	Pétro-pavlosk.
Température moyenne de l'année	+ 4°,5	+ 4°,5	0°	+ 0°,5	+ 2°,3	— 4°	— 4°	— 5°	+ 2°
— de l'hiver.	—10°	—12°	—22°	—13°	—11°	—25°	—20°	—19° 1/2	— 8°
— du mois le plus froid	—13°	—16°	—25°	—16°	—12°	?	?	?	?
— de l'été.	+18°	+18°	+19°	+14°	+13°	+13°,5	+11°	+14°	+13°
— du mois le plus chaud . . .	+20°	+21°	+20°	+16° 1/2	+16°	?	?	?	?
— de la période de travail . .	+15°	+16°	+17°	+12°	+12°	+12°	+ 8°	+ 8°	+10°,6
Différence entre la moyenne de l'été et celle de l'hiver.	28°	30°	41°	29°	24°	41° 1/2	31°	30° 1/2	21°
Différence entre les mois le plus froid et le plus chaud.	33°	37°	45°	32° 1/2	28°	?	?	?	?
Précipitation atmosphérique annuelle, en millimètres.	1024	336	360	?	?	?	1113	190	1240

CHAPITRE II

RESSOURCES NATURELLES DE LA SIBÉRIE

Malgré le climat rigoureux, au moins pendant une période de l'année, que nous venons d'indiquer dans le chapitre précédent, la Sibérie offre dans sa partie méridionale, confinant au Turkestan, à la Chine et à la Mandchourie, des ressources naturelles considérables, permettant à une population relativement dense de s'y livrer à l'agriculture et à l'élevage du bétail, — tandis que, dans la zone septentrionale, la pêche et la chasse donnent lieu à une industrie fort active et à des marchés importants.

Le paysan russe, dont les habitudes migratives avaient été contrariées par l'ancienne législation, — qu'il fût serf, attaché à la glèbe, ou qu'il dépendit du *mir* ou commune, depuis l'émancipation, — connaissait les ressources naturelles de l'empire asiatique des tsars et a toujours cherché, ouvertement ou à l'insu de ses maîtres, à se rendre en Sibérie. Ce mouvement naturel de colonisation a été enfin sanctionné par le gouvernement qui, par un décret, autorisa, en 1889, les futurs colons à quitter leurs communes sans un permis communal, pourvu qu'ils aient l'autorisation des deux Ministres de l'Intérieur et des Domaines de l'État. — Et on compte que, de 1887 à 1895, 94 000 familles comprenant 467 000 âmes se sont établies en Sibérie et dans le Gouvernement Général des Steppes, environ 75 p. 100 du total de ces émigrants s'arrêtant sur les terres qui appartiennent au Cabinet de Sa Majesté dans l'Altaï, Gouvernement de Tomsk.

La construction du Transsibérien ne peut que donner une plus forte impulsion à ce mouvement naturel de la population, et Sa Majesté feu l'empereur Alexandre III avait si bien compris l'importance de cette entreprise sur l'avenir de la colonisation de la Sibérie que, par un rescrit du 14 janvier 1893, il chargea le Comité du chemin de fer de s'occuper des mesures et des projets relatifs à cette colonisation, et notamment de faire le levé topographique et l'arpentage préliminaires des terres non occupées et propres à la culture ou à l'élevage, le long du tracé de la voie. De 1893 à 1895, on a ainsi relevé une superficie de 3 millions de déciatines (3 300 000 hectares), que l'on a divisées en 817 lots.

Les quelques renseignements suivants feront encore mieux comprendre l'importance de ces ressources naturelles de la Sibérie au point de vue de l'industrie minérale, en même temps qu'ils expliqueront le bien fondé de l'émigration russe.

A) **Agriculture**. — Comme nous l'avons dit dans le chapitre précédent, des trois zones en lesquelles on peut diviser la Sibérie, c'est dans la troisième seule, que nous avons appelée *zone cultivable*, et qui s'étend du 58° ou 59° de latitude nord jusqu'aux montagnes le séparant de la Chine, que s'est concentrée la presque totalité des efforts des colons. Cette zone cultivable comprend pour le moment les quatre Gouvernements de Tobolsk, Tomsk, Iénisséi et Irkoutsk, à l'exception des districts les plus septentrionaux et de la partie tout à fait montagneuse des Gouvernements de Tomsk, Iénisséi et Irkoutsk, vers la frontière chinoise. — Elle renferme aussi les régions riveraines de l'Amour et de l'Oussouri, encore peu habitées, mais dont le développement rapide suivra de peu l'achèvement du Transsibérien, et une grande partie des districts du Gouvernement Général des Steppes. Elle comprend approximativement 20 millions d'hectares, dont 2 seulement sont maintenant cultivés.

Le système de culture prédominant est le suivant. Après défrichement, — abatage des arbres et enlèvement des souches, ou simple labour, dans la steppe, — la terre est ensemencée de froment pendant deux ou trois années consécutives, puis on la laisse en friche, pour, ensuite, y semer de nouveau du froment. On continue cette rotation jusqu'à ce que le sol commence à s'épuiser. On laisse alors la terre complètement inculte et l'on travaille d'autres champs. Un sol ordinaire, avant d'être laissé en friche pour un long repos, peut être labouré et ensemencé trois ou quatre années de suite, la meilleure *terre noire* peut être travaillée de vingt-cinq à trente ans ; il y a même dans la partie sud de la Province de Tobolsk des champs qui ont été cultivés pendant cent ans sans interruption ; cependant, l'appauvrissement graduel du sol a contraint les cultivateurs, petit à petit, à se servir d'engrais, et sur les confins septentrionaux de la zone cultivable de la Province de Tobolsk, ils ont adopté la rotation suivante dans les ensemencements : 1° seigle ; 2° avoine, orge ou blé ; 3° friche.

Dans le tableau ci-dessous, nous donnons quelques chiffres moyens indiquant à combien reviennent, bon an mal an, les dépenses de la culture des céréales dans les divers districts de la zone cultivable ; ces chiffres se rapportent à la déciatine (1^{ha}, 092).

	PARTIE MÉRIDIONALE du Gouvernement de Tobolsk.		PARTIE CENTRALE du gouvern^t de Tomsk.	ZONE CULTIVABLE du gouvernement d'Irkoutsk.	ZONE CULTIVABLE du gouvernement d'Iénisséi.
	Terres de la meilleure qualité.	Terres de la plus mauvaise qualité.			
	Roubles.	Roubles.	Roubles.	Roubles.	Roubles.
Frais d'un labour simple	2,00	1,25	2,00	2,00	4,50 à 8,40
Frais d'un hersage simple	1,20	0,75	1,00	1,00	
Frais de la moisson	7,50	3,75	7,00	6,00 à 10,00	4,50 — 10,45
Frais du battage des grains	4,50	2,00	4,00	4,00	1,30 — 3,60

RESSOURCES NATURELLES DE LA SIBÉRIE. 61

Les *frais totaux*, y compris la rentrée et le vannage du grain, montent à

23 à 27 roubles pour les meilleurs terres du gouvernement de Tobolsk ;
15 à 20 — pour les plus mauvaises du gouvernement de Tobolsk ;
22 à 27 — pour les terres de la partie centrale du gouvernement de Tomsk ;
25 à 27 — pour le gouvernement d'Irkoutsk ;
12 à 21 — pour le gouvernement d'Iénisséi.

L'*abondance de la récolte* varie considérablement selon le système de culture adopté ; et il convient de remarquer que les chiffres cités par les anciens voyageurs, et qui ont fait à la Sibérie méridionale la réputation d'un sol prodigieusement riche, se rapportaient à des années exceptionnelles.

PRODUCTION EN POUDS ($16^{kg},38$) PAR DÉCIATINE ($1^{ha},092$)

	CULTURE INTENSIVE AVEC JACHÈRE.	1 ANNÉE DE CULTURE. 1 ANNÉE DE REPOS.	2 ANNÉES DE CULTURE. 1 ANNÉE DE REPOS.	ANNÉE EXCEPTIONNELLE TELLE QUE 1894.
	Pouds.	Pouds.	Pouds.	Pouds.
Seigle	De 50 à 60	De 70 à 80	De 70 à 80	De 180 à 200
Avoine	De 90 à 100	De 110 à 120		De 250 à 300
Orge	De 90 à 100	De 100 à 110	De 50 à 60	De 200 à 250
Blé			De 30 à 40	De 180 à 200

Actuellement, l'ensemble de la récolte annuelle de céréales s'élève en Sibérie à 160 millions de pouds

(26 millions de quintaux métriques) dont les Gouvernements de Tobolsk et de Tomsk fournissent 20 p. 100, les Gouvernements d'Iénisséi et d'Irkoutsk et la Province de Semirètchensk, de 12 à 15 p. 100, et les Provinces de Sémipalatinsk, d'Akmolinsk et de Transbaïkalie, de 3 à 5 p. 100, le reste provenant des Provinces de Iakoutsk, de l'Amour et du Littoral. — Cette récolte est divisée approximativement en :

    Blé et avoine . . . . 60 p. 100
    Seigle . . . . 20 —
    Divers . . . . 20 —

Le *prix de vente* des céréales, abstraction faite de variations, qui pour des causes diverses peuvent être considérables, est à peu près le suivant :

	GOUVERNEMENT de TOBOLSK.	G^t DE TOMSK (MOYENNE de 25 ans).	G^t D'IRKOUTSK (MOYENNE de 7 ans).
	Kopeks.	Kop.	R. K.
Le poud de seigle	(en grain) 20 à 25	(en farine) 48	(en farine) 1,20
— de blé	— 50 à 60	— 76	— 1,90
— d'avoine	— 20 à 22	— 41	— 1,10

B) **Élevage du bétail.** — Les pâturages de la zone cultivable de la Sibérie conviennent admirablement à l'élève du bétail, mais la plupart des paysans et colons, se livrant surtout à la culture, l'élevage ne se développe que là ou il y a une abondance de prairies naturelles et lorsque l'éleveur peut en retirer un profit supplémentaire grâce à la proximité d'un bon débouché. C'est ainsi que cette industrie a ses centres principaux dans le district de Tioukalinsk (Gouvernement de Tobolsk), dans les steppes du district de Kansk et les régions voisines de l'Oulyme dans le district de Tomsk. En général, du reste, l'indigène est plus porté que le colon russe à s'occuper d'élevage, et on trouve, dans le Gouvernement d'Irkoutsk, que, pour cent âmes de la population, les Russes ensemencent 240 déciatines et possèdent 130 têtes de bétail tandis que les Bouriates ensemencent 244 déciatines et possèdent 238 têtes de bétail. Suivant les districts, la quantité de bétail que l'on trouve dans un village varie énormément, mais pour donner un simple aperçu d'ensemble, on peut admettre que, dans la zone cultivable de la Sibérie, chaque *feu* possède en moyenne de 3 à 4 chevaux de trait, de 2 à 3 vaches laitières avec leurs veaux et de 6 à 8 brebis.

a) Le *cheval sibérien*, utilisé surtout aux travaux de la ferme, mais aussi dans beaucoup d'endroits au transport des marchandises, des voyageurs, de la malle, etc., est, en général, petit, sobre, résistant, mais il n'est pas fort, et sa charge, sur une route, ne peut pas dépasser 20 à 25 pouds (de 327 à 410 kilos) : le type varie, du reste, beaucoup, depuis le cheval de la steppe jusqu'à celui des districts montagneux de la Transbaïkalie, et des croisements, étudiés avec soin, tendent à constituer une race spéciale moyenne. Le prix d'un cheval varie dans de fortes proportions :

	Roubles.
Un cheval moyen de ferme, dans les plaines du Gouvernement de Tobolsk, vaut.	12 à 15
Un cheval moyen de ferme, dans le nord des Gouvernements de Tobolsk et de Tomsk, vaut	20 à 25
Un cheval pour le service de la poste, dans ces deux gouvernements, vaut.	50 à 60
Un cheval de ferme, dans le Gouvernement d'Iénisseï, vaut.	20 à 30
Un cheval de poste, dans le Gouvernement d'Iénisséi, vaut.	40 à 100
Un cheval de ferme, dans le Gouvernement d'Irkoutsk, vaut.	35 à 40
Un cheval de ferme, sur l'Amour, vaut	50 à 80
Un cheval de la race de Tomsk, rendu sur l'Amour, vaut	100 à 150

b) Les *bêtes à cornes*, dans toute la Sibérie, sont de race russe ; elles sont petites, — une vache adulte fournit de 6 à 7 pouds (100 à 120 kilos) de viande, — et ne donnent qu'une faible quantité de fumier. Du lait qu'elles fournissent, on fait du beurre livré au commerce.

Le prix de ces animaux varie d'un district à l'autre, et, comme pour les chevaux, est d'autant plus élevé qu'on va plus à l'est en s'éloignant des centres de population.

Le tableau suivant indique ces variations de prix :

	VACHE D'AGE MOYEN.	TAUREAU DE 3 ANS.	VEAU D'UN AN 1/2.
	Roubles.	Roubles.	Roubles.
Partie méridionale du Gouvernement de Tobolsk.	De 9 à 12	De 6 à 8	De 3 à 4
Partie centrale du Gouvernement de Tobolsk.	De 10 à 12	De 7 à 9	De 3 à 5
Gouvernement de Tomsk ; aux environs de Tomsk et sur la route de poste . .	De 12 à 15		De 5 à 7
Gouvernement de Tomsk ; endroits éloignés.	De 10 à 12	De 6 à 9	De 4 à 5
Gouvernement d'Iénisséi.	De 17 à 18		
Gouvernement d'Irkoutsk	De 25 à 30	De 20 à 25	De 5 à 10

c) Les *bêtes à laine*, élevées dans la zone agriculturale de la Sibérie, sont généralement d'une race fort médiocre ; elles ne donnent que peu de viande (un animal de trois ans, dépouillé et paré, ne pèse que de 12 à 16 kilos) et très peu de graisse : quant à leur laine, elle est de qualité inférieure et peu abondante (de 10 à 16 kilos pour dix têtes). — En général, les moutons et les produits de leur élevage sont utilisés par le cultivateur lui-même et ne donnent pas lieu à un commerce. Les localités où on se livre le plus à leur élevage sont les districts méridionaux des Gouvernements de Tobolsk et de Tomsk, près des Steppes Kirghizes, et la Transbaïkalie, — en d'autres termes ce sont les contrées qu'habitent les tribus nomades ou les montagnards.

C) **Forêts**. — Entre la zone agriculturale et la zone

polaire, s'étend la zone que nous avons appelée *des forêts;* recouverte d'une végétation impénétrable et offrant des caractères très variés suivant la latitude, l'altitude et la nature du sol, cette zone, — qui en bien des endroits encore empiète sur la zone cultivable, — comprend, dans la seule Sibérie occidentale, 110 millions de déciatines de terre (120 millions d'hectares), tandis que dans la Sibérie orientale, sa superficie, qu'on n'a pas encore reconnue exactement, est beaucoup plus considérable. Cette zone forestière se décompose elle-même en trois sous-zones, caractérisées par certaines essences dominantes, et constituant trois bandes à peu près parallèles dans la direction ouest-est. Ce sont :

1° *La région des grands arbres septentrionaux* ou région forestière proprement dite, qui s'étend de l'Oural aux rivages du Kamtchatka ; elle couvre la partie nord du Gouvernement de Tobolsk, des arrondissements de Kaïnsk, Tomsk et Mariinsk, traverse toute la Sibérie orientale parallèlement à la grande route de poste et vient, en Transbaïkalie, se confondre avec la région des forêts de montagnes sur les versants des chaînes Stanovoï et Iablonoï. C'est la vraie forêt vierge, le *taïga*, suivant l'expression sibérienne, au sous-bois fréquemment marécageux, toujours encombré d'arbres morts ou abattus par le vent, et rendu impénétrable par les taillis qui recouvrent le sol : il faut s'y frayer un chemin à la hache. — Les essences dominantes sont le pin, le mélèze, le sapin blanc et le cèdre.

La taïga recouvre toute cette partie de la Sibérie où, à cause de la température, tout travail d'agriculture est interdit pendant cinq mois au moins.

2° *La région du bouleau,* qui comprend toute la partie peu élevée, ou des steppes, de la Sibérie, se confondant à peu près avec la zone cultivable. Elle est caractérisée par la prédominance des bouleaux avec, cependant, au bord des rivières, une assez forte proportion de trembles et de saules.

3° *La région des forêts de montagnes* qui s'étend sur la portion la plus méridionale de la Sibérie, de Sémirétché à Vladivostok ; elle couvre les versants septentrionaux des différentes chaînes : le Tian-Chan, l'Alataou, le Tarbagataï, l'Altaï, les Saïanski, les Stanovoï, les Iablonoï, etc. Les essences qu'on y rencontre sont très variées, mais celles qui dominent sont à feuilles aciculaires : le mélèze, le pin, le sapin, le cèdre. Ces essences donneraient de magnifiques bois de construction, n'étaient les difficultés que rencontre la mise en valeur des forêts. On rencontre encore dans cette région, principalement dans les bassins de l'Amour et de l'Oussouri, diverses variétés de chêne, le frêne, etc.

Cette abondance de forêts, qui est un obstacle au développement agricultural de certains districts par suite des frais élevés qu'occasionne le défrichement et qui, dans beaucoup d'autres cas, rend presque impossibles l'exploration et l'étude générale du pays, ne peut qu'être favorable au développement de l'industrie minérale : on trouvera sur place, en effet, tous les matériaux nécessaires aux diverses constructions que nécessite une exploitation et au boisage des travaux souterrains, lorsqu'on mettra en valeur les filons et les couches minérales ; on a là de plus tout le combustible désirable.

Du reste, le gouvernement impérial prend des mesures pour empêcher le gaspillage de cette grande richesse naturelle, surtout dans la zone cultivable, où la liberté donnée à chacun de prendre dans les domaines de l'État tout le bois dont il pouvait avoir besoin pour la construction de maisons, le chauffage, etc., a été sur le point d'amener une disette de bois.

D) **Pêche et Chasse.** — Toutes les rivières de Sibérie sont excessivement poissonneuses, et dans l'Extrême Orient le poisson forme la principale, pour ne pas dire, la seule nourriture des indigènes : c'est par millions que les diverses espèces de saumons et d'esturgeons remontent l'Amour et ses affluents au début du mois d'août.

Quant à la chasse, on sait que c'est de la Sibérie que proviennent la majeure partie des fourrures de prix qui, par les foires d'Irbit et de Iakoutsk, arrivent sur les marchés de Leipzig et de Londres. La zone des forêts et la Toundra offrent encore un asile à peu près sûr aux nombreux animaux à fourrures, mais la destruction que l'on en fait chaque année est pourtant énorme ; on en jugera par les chiffres suivants, se rapportant aux chasses des six dernières années.

RESSOURCES NATURELLES DE LA SIBÉRIE. 69

	1890	1891	1892	1893	1894	1895
Renards noirs argentés	30	29	24	48	21	5
Renards gris	4 694	1 913	2 321	1 715	1 216	1 815
Renards roux	19 000	7 306	12 416	36 000	63 215	46 230
Renards blancs	2 886	4 099	2 986	3 400	43 500	18 000
Zibelines de toute espèce	18 176	20 149	31 342	34 200	43 000	27 000
Loutres	4 246	3 508	2 300	1 617	4 240	432
Renards rouges	19 405	22 334	46 659	18 400	41 234	31 265
Ours blancs (polaires)	38	28	45	22	64	44
Ours communs	432	4 114	218	114	3 485	2 670
Loups et Chiens sauvages	23 916	31 932	7 806	6 400	3 250	4 680
Belettes	2 624	4 108	6 215	8 412	5 130	3 618
Martres de Sibérie	41 367	4 612	10 123	20 000	65 603	52 000
Petit-Gris	1 000 000	1 000 000	1 000 000	1 500 000	7 040 318	4 250 638
Lynx	2 489	3 485	3 395	4 210	1 816	1 614
Fouines	4 684	2 492	6 384	5 303	2 310	1 684
Tigres de Sibérie	15	9	4	5	12	7
Léopards	28	26	23	31	21	65
Jeunes rennes sauvages	1 917	716	1 223	2 416	2 000	1 814
Chats sauvages	29 318	26 415	45 773	60 000	80 200	115 000

CHAPITRE III

MOYENS DE COMMUNICATION; TRANSPORTS ET APPROVISIONNEMENTS

Sur cette étendue immense de 7000 kilomètres de long et de 500 à 600 kilomètres de large, où sont disséminés les districts aurifères de la Sibérie, les moyens de communications sont actuellement de trois sortes :

1° Le chemin de fer Transsibérien,

2° La route de poste,

3° Les voies fluviales.

1° La *voie ferrée*, dont la construction se poursuit avec activité, a été amorcée aux deux extrémités, orientale et occidentale. Du côté de l'Europe, le trafic est établi maintenant avec Kansk, et la voie est posée jusqu'à Nijné-Oudinsk, à moins de 500 verstes d'Irkoutsk; et l'on espère qu'à la fin de la saison de 1897, cette dernière ville, la plus importante de la Sibérie par le nombre de ses habitants, le chiffre des affaires qui s'y traitent et les nombreux services administratifs qui y sont concentrés, sera en communication directe avec Saint-Pétersbourg.

Actuellement on peut se rendre de Moscou à Tchéliabinsk, tête de ligne du Chemin de fer sibérien, sur le versant oriental de l'Oural, en quatre-vingts heures; de Tchéliabinsk, les trains, qui depuis cette année circulent chaque jour, mettent cinq jours pour atteindre le point terminus, Krasnoïarsk, et parcourir 2 000 verstes.

A l'extrémité orientale de la ligne, le trafic est ouvert de Vladivostok à Imane, à 387 verstes au nord; la substructure de la voie est presque achevée jusqu'à Khabarovsk, sur une longueur à peu près égale (331 verstes); les rails sont posés sur une distance de plus de 200 verstes à partir d'Imane, et l'on travaille activement à la construction des ponts métalliques qui doivent aider à franchir les cours d'eau. Un train quotidien met vingt-quatre heures à franchir la distance de Vladivostok à Imane.

On sait que le tracé primitif, — suivant lequel la voie ferrée, après avoir contourné le lac Baïkal et atteint la ville de Strétensk (limite de la navigation pour les gros chalands sur la Chilka, qui, avec l'Argoune, forme l'Amour), devait suivre la vallée de ce dernier cours d'eau, jusqu'à Khabarovsk, — a été abandonné. Un traité récent, conclu avec la Chine, autorise la Banque russo-chinoise à former la *Compagnie des chemins de fer de l'Est de la Chine* pour la construction et l'exploitation d'une voie ferrée traversant la Mandchourie diagonalement, en passant, soit par Khaïlar, Tsitsikhar et Khoulan-Tchen, soit par Khaïlar, Bodouné et Ningouta, depuis un point situé sur l'Amour jusqu'à un point sur l'Oussouri, en face de Nikolskoé, à 100 verstes de Vladivostok. C'est le tracé sud qui semble avoir le plus de chances d'être adopté. Cette nouvelle ligne, dont les travaux doivent commencer en 1897 et être achevés dans un délai de six ans, sera plus courte de 500 kilomètres que celle que suivait le premier projet[1].

2° La *route de poste* (*trakt postal*), qui traverse de l'ouest à l'est la partie méridionale de la Sibérie en passant par Troïtsk, à 150 verstes au sud de Tchéliabinsk, a été à peu près suivie par le tracé du Transsibérien. Sa longueur, de Kansk à Strétensk, est de 2070 verstes, avec soixante-quatorze relais; de Irkoutsk à Strétensk la distance est de 1280 verstes. Une piste assez mauvaise descend de Strétensk jusqu'à Khabarovsk, en suivant la rive gauche de l'Amour.

On sait comment l'on voyage sur les routes de poste sibériennes : les stations de postes ou relais, espacés de 25 à 35 verstes, fournissent aux voyageurs, en plus des chevaux, un abri temporaire et de l'eau bouillante pour le *samovar*. Les voyageurs doivent avoir leur propre véhicule et leurs provisions de bouche; on voyage nuit

---

1. Voir, aux Appendices, une étude plus détaillée du Chemin de fer Transsibérien.

et jour; pendant quatre mois de l'année, la circulation se fait par voitures à roues; pendant cinq mois, en traîneau. Au printemps et à l'automne il y a une période forcée d'inactivité.

De la grande route postale partent un certain nombre de routes transversales permettant de se rendre dans les régions, soit au sud, soit au nord.

3° Si l'on n'avait pas à tenir compte de la rigueur du climat, les *voies fluviales* rendraient la Sibérie l'un des pays les plus aisés d'accès. — Les trois grands fleuves qui la traversent du sud au nord, l'Ob, l'Iénisséi et la Léna, et, à l'Est, l'Amour, forment, avec leurs affluents, un réseau unique au monde, surtout en ce qui concerne le transport des marchandises. L'Amour est navigable pour des bateaux et des chalands tirant de 3 à 4 pieds d'eau, depuis son embouchure jusqu'à Strétensk, soit sur 2956 verstes. Un service existe sur la Léna, de Irkoutsk à Tarasofski, sur plus de 2000 verstes.

Quant à l'Iénisséi, de hardis marins anglais ont réussi à le remonter depuis son embouchure et à apporter par voie d'eau à Iénisséisk des produits d'Europe.

Malheureusement ces rivières ne sont ouvertes à la navigation que du 15 mai au 15 septembre environ, et on ne peut les utiliser en hiver que comme piste pour des convois de traîneaux; et encore, alors, serait-il peut-être plus avantageux de prendre la ligne droite, à travers les plaines marécageuses et les forêts.

Néanmoins, une grande activité règne sur tous ces fleuves : en 1895, dans la Sibérie occidentale, on comptait 7 grandes Compagnies de transport et une trentaine d'entrepreneurs, possédant ensemble 113 bateaux à vapeur, tant pour le transport des passagers que pour le service du touage, remorquant 350 chalands, et l'on estime que le fret en circulation s'élevait à 20 millions de pouds (325 000 tonnes).

Sur l'Iénisséi il existait 5 affréteurs ; sur la Léna et le Vitim, 2 Compagnies et 5 affréteurs ; sur l'Amour, 2 puissantes Compagnies ont jusqu'à présent monopolisé le transport de Nikolaïevsk à Strétensk, mais l'activité des affaires permet de doubler et de tripler le nombre des bateaux.

A ces grandes voies de communication que nous venons d'esquisser brièvement, se raccordent soit des routes de poste, ou tout au moins des routes carrossables, créées et entretenues par l'entreprise privée ; soit, sur les rivières moins importantes ou plus éloignées, des services de bateaux à vapeur, également aux frais des particuliers.

Si on laisse de côté les districts miniers situés à proximité de la voie ferrée ou du trakt postal, voici comment on peut atteindre les divers champs d'or de la Sibérie.

Arrondissement de Semipalatinsk-Semiretchensk. — Une route de poste part de Tomsk et va jusqu'à Sémipalatinsk (725 verstes), puis jusqu'à Vernii (920 verstes de Sémipalatinsk). De Tomsk part aussi une route qui atteint Sémipalatinsk après 840 verstes.

De Sémipalatinsk un embranchement conduit au lac Zaïssan (400 verstes). De Barnaoul, sur la route de Tomsk à Sémipalastinsk, partent les routes conduisant dans l'Altaï, à Biisk, Kouznietsk, Altaïskaïa (200 à 400 verstes).

Arrondissement de Minoussinsk. — D'Atchinsk se détache la route de Minoussinsk (339 verstes).

Arrondissement de l'Iénisséi. — C'est de Krasnoïarsk que part la route conduisant dans l'Iénisséi septentrional.

Arrondissement de la Léna. — Le système du Vitim est le plus proche d'Irkoutsk (700 verstes); sur le Vitim, on peut aller en bateau à vapeur en remontant le fleuve jusqu'au confluent de la rivière Bodaïbo, sur laquelle commencent les travaux. Au milieu des priiski de cette région est organisé un chemin de voitures.

Les priiski du système de l'Olekma sont situés à 350 verstes de la résidence de Matcha et à 120 verstes de la résidence de Bodaïbo ; avec la première il n'y a de communications qu'en hiver par traîneaux ; de la seconde les transports peuvent se faire, été comme hiver. On atteint Bodaïbo de la façon suivante : d'Irkoutsk à Jigalof, il y a 360 verstes d'une route carrossable ; de Jigalof on remonte en bateau jusqu'à Vitim, sur la Léna, puis de

Vitim on remonte la rivière Vitim jusqu'à Bodaïbo.

La première partie du trajet sur la Léna, de Jigalof à Oust-Kout ne peut s'affectuer, en bateau à vapeur, qu'au début de la saison de navigation ; le reste du temps on doit employer des canots. En hiver on se sert de la même route avec des traîneaux.

Arrondissements de Primorskoï et de l'Amour. — On peut atteindre de deux façons différentes les alluvions du Haut et du Bas Amour, soit par voie de terre jusqu'à Strétensk, puis par voie fluviale en descendant l'Amour et remontant ses affluents, Zéïa, Bouréïa, Nimane, soit par voie de mer en allant à Nikolaïevsk et en remontant l'Amour et l'Amgoune.

Les mines d'or de ces arrondissements ont leur *résidences* (magasins, dépôts) sur l'Amour, la Zéïa, la Bouréïa et l'Amgoune, lequel se jette dans l'Amour à 90 verstes de son embouchure. Ces affluents de l'Amour peuvent être remontés sur 400 verstes à partir de leur confluent. Plus loin, sur une distance variant de 100 à 400 verstes, il faut se rendre aux placers, tantôt en barque, tantôt à cheval, par les sentiers ouverts dans la forêt vierge. Toute une série de mesures a été récemment prise par le Ministère des Voies de communication en vue de rendre plus facile et plus sûre la navigation sur l'Amour et ses affluents. Ce n'est qu'en hiver qu'on a une communication aisée entre les priiski et les résidences, et il s'ensuit que tous les approvisionnements sont envoyés aux priiski par route d'hiver, d'autant plus que dans cette saison les chevaux des Compagnies ne sont employés ni aux travaux miniers ni aux différents services de l'exploitation.

De cet exposé rapide que nous venons de faire des voies de communication en Sibérie, on conclura sans peine que l'approvisionnement et le ravitaillement des mines les plus riches (celles de la Léna et de l'extrême Sibérie orientale) sont malaisés et coûteux, surtout si l'on considère que les routes, même en été, sont souvent en fort mauvais état et que les chariots ou traîneaux employés aux transports sont toujours de petite taille et généralement à un seul cheval. Tout le matériel et les provisions doivent venir par terre d'Irkoutsk, de Blagoviestchensk et de Tomsk, ou, par mer, de Nicolaïevsk.

Voici quelques chiffres relatifs au transport des marchandises dans la Sibérie orientale :

a) Pour des priiski situés dans le bassin de l'Amgoune, à 400 verstes en amont de l'embouchure, il faut compter à partir de Blagoviestchensk, par poud :

De Blagoviestchensk aux magasins de l'Amgoune	40 à 50 kopeks
Déchargement aux magasins et manutention.	2,5 à 3 —
Par voiture ou par traîneau, des magasins (transport à l'entreprise). .	60 kopeks.
Total	1ᴿ,025 à 1ᴿ,13

Des marchandises venant de Vladivostok coûteraient par poud :

De Vladivostok à Nikolaïevsk	20 à 10 kopeks
De Nikolaïevsk aux magasins sur l'Amgoune	30 à 20 —
Déchargement, manutention, et transport aux mines	63 kopeks.
Total	1ʳ,13 à 93 kopeks

Au cas où l'on voudrait envoyer directement des marchandises de San-Francisco à Nikolaïevsk par bateau nolisé, le frêt reviendrait à $ 20, la tonne, c'est-à-dire à environ 71 kopeks le poud :

b) Pour les priiski du bassin de l'Olekma et du Vitim, le frêt se décompose de la façon suivante :

De Moscou à Tomsk	1 r. 10 à 1 r. 40
De Tomsk à Jigalof	1 r. 60 à 2 r. 25
De Irkoutsk à Jigalof	0 r. 50 à 0 r. 56
De Jigalof à Bodaïbo	0 r. 75
De — à Matcha	0 r. 55
De Bodaïbo aux priiski	1 rouble en hiver, 1 r. 35 en été.
De Matcha —	0 r. 95 — 1 r. 10 —

Enfin, dans le tableau suivant, nous donnons le prix des principaux articles dans les centres d'approvisionnement et dans les districts miniers.

MOYENS DE COMMUNICATION.

	UNITÉS	AUX CENTRES D'APPROVISIONNEMENT			DANS LES DISTRICTS MINIERS				
		TOMSK	IRKOUTSK	BLAGOVIEST-CHENSK	SIBÉRIE OCCIDENTALE	TRANSBAÏKALIE	LÉNA	HAUT AMOUR	BAS AMOUR
		Roubles.	Roubles.	Roubles.		Roubles.	Roubles.	Roubles.	Roubles.
Bois (combustible).	Sagène cube =(3^{m³},0879)	?	12	—	Le transport coûte environ 20 kopeks par poud depuis Tomsk	10,20	10 1/2—19 1/2	7,50 — 9,00	10,60 — 13,50
Foin (récolté aux environs des mines).	poud	?	?	—		0,15	1,50	0,60 — 1,20	85 — 1,25
Avoine.	poud	0,50	0,24 — 0,50	0,70		1,25	2,40	1,60	1,70 — 1,90
Viande.	poud	1,60	?	3,80		4,00	6,40	6,00	6,00
Gruau.	poud	0,80	2,00	1,55		2,00	?	2,60	2,70
Thé en brique.	1 liv.1/4	?	75 — 85	0,44		0,35 — 40	0,30	0,40	0,35 — 0,40
Farine.	poud	0,60	0,28 — 0,30	0,80 — 0,50		1,40	2,40	2,52	2,35
Sel.	poud	?	?	—		2,40	2,40	2,52	2,20
Fer.	poud	?	?	2,30		6,00	6,40 — 8,50	3,20 — 6,40	3,50

Remarques. — Le prix du bois de chauffage se rapporte à des rondins coupés à une longueur de 1 archine; les différences dans ce prix dépendent de la distance à laquelle les priiski se trouvent des chantiers forestiers.
Les chiffres donnés pour les districts de la Léna sont ceux qu'a dû payer, en 1895-1896, la Société d'exploitation des Mines d'or de la Léna.

CHAPITRE IV

PERSONNEL ET MAIN-D'ŒUVRE

Le personnel d'une exploitation sibérienne se compose généralement d'un *directeur-gérant*, le plus souvent un homme du métier, mais sans connaissances techniques spéciales, d'un *docteur*, d'*employés* (comptables, surveillants, magasinier, etc.), d'*ouvriers spéciaux* (forgerons, charpentiers, menuisiers, cuisiniers, boulangers, palefreniers, etc.), d'*ouvriers proprement dits* ou manœuvres.

I. — Recrutement des ouvriers.

En Sibérie orientale, et dans certaines parties de la Sibérie occidentale, à l'encontre de ce qui se passe dans l'Amérique du Nord, en Australie et dans la plupart des autres pays où s'est développée l'industrie des mines, il ne se forme pas de centres permanents de population aux placers mêmes : la saison étant courte, — quatre mois environ, — et l'hiver fort rigoureux, les ouvriers ne viennent que pour la campagne, — l'*opération*, suivant le terme sibérien, — et quittent les chantiers sitôt qu'elle est terminée. Ils arrivent le 18 mai et partent le 10 septembre (ancien style). Il ne reste sur place, avec les directeurs, quelques employés, contremaîtres, etc., que des ouvriers spéciaux (forgerons, charpentiers, menuisiers, palefreniers), et des manœuvres en petit nombre, que l'on utilise à l'enlèvement du *torf*.

De cette façon, on perd d'abord un temps précieux, puisque les ouvriers étant généralement transportés du lieu d'embauchage aux priiski par voie d'eau, on ne peut les faire venir et les renvoyer que tant que les fleuves et rivières ne sont pas pris par la gelée, c'est-à-dire à des moments où l'on pourrait commencer déjà activement le lavage ou le continuer une ou deux semaines de plus. Puis, cette coutume, jointe à l'usage qui veut que les Compagnies aient des magasins d'approvisionnement où les hommes puissent trouver ce dont ils ont besoin pour leur usage personnel, empêche la création des villages ou des bourgades, qui, dans maints autres pays, ont été le point de départ d'une colonisation active et permanente et du développement des autres richesses du pays.

Les ouvriers proprement dits, manœuvres employés à l'abatage du gravier aurifère et au lavage, sont embauchés dans les centres peuplés de la Transbaïkalie (à Nertchinsk, Blagoviestchensk, Strétensk, etc., etc.) par des agents spéciaux des Compagnies, qui sont aussi chargés des questions de ravitaillement, de l'achat des provisions, etc.

Les ouvriers se présentent au bureau de la Compagnie dès le mois de février, plus généralement en mars ou avril; sur leur demande d'embauchage, on leur fait signer un contrat fort détaillé, et on leur remet sur leur salaire à venir un acompte de 15, 20 ou 50 roubles papier, qu'ils s'empressent de dépenser en vêtements et, surtout, en liquides. Le 1er mai, jour où la navigation s'ouvre sur l'Amour, on les embarque sur des chalands remorqués par des bateaux à vapeur. Pour les priiski du Bas-Amour (Amgoune), le transport et la nourriture (à la charge de la Compagnie) reviennent à 12 roubles par homme.

Du reste, l'embauchage des ouvriers dans les mines d'or est minutieusement réglementé par la section II du chapitre VI, titre II, livre Ier du *Code Minier* (Édition française, p. 172 et suiv.).

Tout ouvrier désirant aller travailler aux mines doit être muni d'un passeport; dans les Provinces de l'Amour et la Province Maritime, le louage des étrangers est limité aux ouvriers chinois, sauf permission spéciale du Gouverneur Général.

L'embauchage ne peut avoir lieu qu'au moyen de con-

II. — Une *artel* d'ouvriers mineurs sibériens.

trats dûment déclarés spécifiant : 1° le nom de la mine où l'ouvrier doit travailler; 2° la nature des travaux et le montant de la rétribution spéciale attribuée aux travaux *staratielski*[1]; 3° le nombre d'heures de travail par jour; 4° les jours fériés ou de repos; 5° les conditions relatives au logement de l'ouvrier, à sa nourriture; 6° le montant des retenues et amendes diverses; 7° le montant du salaire.

A son arrivée à la mine, l'ouvrier reçoit de l'exploitant un carnet individuel portant toutes les indications concernant son état civil et sur lequel on inscrira toutes les retenues faites pour livraisons et son salaire.

Les comptes entre l'ouvrier et l'exploitant sont arrêtés à la fin de chaque campagne industrielle.

Le paiement des salaires doit être fait préalablement à tout autre recouvrement à faire sur l'exploitant au compte des sommes dues pour l'or extrait.

Si l'exploitant n'a pas les fonds suffisants pour régler ses comptes avec ses ouvriers, le fonctionnaire chargé du service de la police dans l'exploitation de la mine constate, avec l'Ingénieur d'arrondissement, la quantité d'or extrait et prélève la quantité d'or brut nécessaire pour le paiement des ouvriers.

1. Voir plus loin, page 91, l'explication de ce terme. En réalité, dans la Sibérie orientale, les contrats ne contiennent aucune clause relative aux travaux « staratielski » : la permission d'en entreprendre dépend uniquement du directeur de chaque exploitation et n'est donnée que comme encouragement ou récompense.

Cet or est envoyé au Laboratoire, fondu, essayé, et la succursale de la Banque d'État la plus proche est autorisée à en remettre au fonctionnaire le montant, que l'on répartit entre les ouvriers.

On peut employer au travail des mines des déportés-colons, pourvu que ceux-ci soient munis d'un permis en règle délivré par l'autorité compétente. Ils se rendent aux mines en escouades, sous la conduite d'un chef et d'adjoints choisis par eux-mêmes. Sur le lieu de l'exploitation, ils sont protégés par les mêmes règlements que les ouvriers libres.

II. — Entretien du personnel.

a) *Direction et employés*. — Le directeur et les employés sont logés, chauffés et éclairés aux frais de la Compagnie; pour leur nourriture, on leur alloue une indemnité annuelle qui est d'environ 500 roubles papier pour les employés. Le directeur a, de plus, des frais de représentation.

b) *Ouvriers*. — Les ouvriers sont logés et nourris aux frais de la Compagnie. Les logements sont des baraquements dans lesquels règne le plus souvent une saleté repoussante et où les prescriptions de l'hygiène ne sont pas toujours observées. Les hommes sont entassés dans un espace trop étroit et couchent sur des plans de bois inclinés qu'ils recouvrent de leurs manteaux et couvertures; un poêle est établi au centre de chaque salle commune, il sert au chauffage et à la préparation des aliments. Les angles, avec des rideaux, forment des sortes d'alcôves où couchent les hommes mariés, car 25 p. 100 environ des ouvriers amènent leur femme avec eux ; de ces femmes, celles qui sont, à un titre quelconque, employées par la Compagnie (cuisinières, blanchisseuses, etc.), reçoivent un salaire déterminé d'avance et touchent pleine ration ; les autres sont tenues de s'occuper des baraquements, ne reçoivent pas de ration de viande et doivent payer à la Compagnie une certaine somme (sur l'Amgoune, 7 roubles par mois) que l'on retient sur le salaire du mari ; elles reçoivent alors la ration ordinaire de pain, gruau, sel, beurre, thé.

Les Compagnies ont à leur charge un hôpital-infirmerie dans lequel sont soignés gratuitement les hommes malades ou blessés. Un médecin en est chargé avec, souvent, un aide. Des femmes servent de garde-malades.

Pour sa nourriture, la Compagnie alloue à chaque homme : du pain à discrétion (environ 4 livres par jour), 1 livre et demie de viande par jour et, par mois, 10 livres de farine de sarrazin pour leur gruau, les trois quarts d'une brique[1] de thé comprimé, 3 livres de sel, une livre de beurre.

Ces quantités sont à peu près immuables. Dans la

---

1. La brique de thé pèse 1 livre 1/4.

Sibérie occidentale, arrondissement de Sémipalatinsk-Sémirctchensk, la ration est de :

    1 livre de viande par jour;
    4   —   pain   —
    1   —   gruau   —
    3 livres de sel par mois;
    1/2 tablette ou brique de thé par mois.

Dans l'Iénisséi Septentrional, on donne :

    1 poud 5 livres de viande par mois, soit 1 liv. 1/2 par jour;
    7 à 10 livres de gruau   —
    1 livre 1/2 de sel   —
    1   —   de graisse ou 1/2 livre de beurre —.

Dans l'Iénisséi Méridional, on donne aux ouvriers :

    Du pain à discrétion;
    Viande, de 37 livres 1/2 à 45 livres par mois;
    Gruau, 8 livres par mois;
    Sel, suivant les besoins.

Les hommes doivent s'occuper de la cuisson de leur nourriture : ce sont les femmes des hommes mariés qui s'en chargent pour chaque baraquement renfermant de 15 à 25 hommes. La Compagnie fournit, en été seulement, un homme chargé d'apporter l'eau et le bois. En été également, et comme boisson pendant les heures de travail, elle fournit sur les chantiers le thé à discrétion.

Enfin, dans des magasins qu'elle dirige absolument, la Compagnie tient un assortiment plus ou moins complet

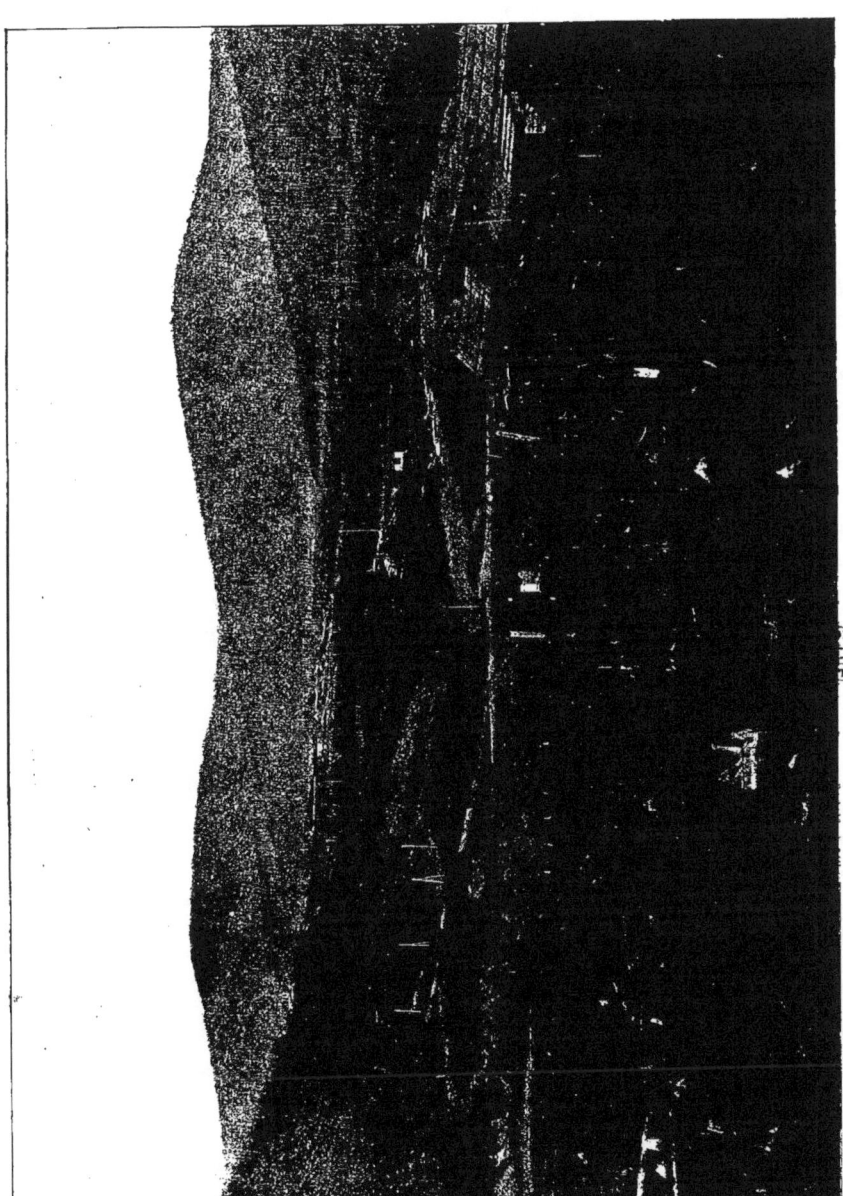

1. — Vue générale d'une vallée aurifère. — Placers de la Cie de l'Amgoune (Province du Littoral).

de vêtements, chaussures, linge, conserves, café, sucre, tabac, etc., où les employés et l'ouvrier peuvent trouver ce qu'il leur faut pour remplacer ou réparer leurs effets et ajouter quelques friandises à leur ordinaire.

Les prix des marchandises vendues au magasin sont affichés et approuvés par l'Ingénieur d'arrondissement ou le commissaire spécial de la police des mines.

La vente de l'alcool est absolument défendue, et il est interdit aux ouvriers d'en avoir en leur possession; mais, chaque jour, on donne aux ouvriers dont on n'a pas à se plaindre une *portion* de *vodka* (mélange à 50 p. 100 d'alcool rectifié et d'eau). Cette *portion* représente 15 à 20 centilitres.

Les frais de logement de l'ouvrier, sur les placers de l'Amgoune, sont estimés à 0 R. 02 par jour; ceux de sa nourriture, à environ 40 kopeks.

c) *Salaires.* — Les salaires payés aux employés et aux ouvriers varient naturellement suivant les districts, suivant le genre d'occupation, suivant le mode de travail et suivant la saison.

Les quelques renseignements qui suivent s'appliquent plus spécialement aux alluvions des affluents du Bas-Amour, dans la Province Maritime.

Les employés reçoivent de 700 à 1 200 roubles par an, suivant leurs fonctions.

Les ouvriers spéciaux sont payés au mois, d'après le tableau suivant.

EMPLOIS	PAR MOIS	
	EN HIVER du 1er Octobre au 1er Mai	EN ÉTÉ du 1er Mai au 1er Octobre
	Roubles.	Roubles.
Palefreniers.	24	45
Boulangers.	30	50
Bluteurs	15	30
Gardes de nuit.	18	36
Cuisiniers	40	40
Porteurs d'eau, de bois.	—	30
Cuisiniers des hommes et bouilleurs de thé. .	18	30
Domestiques : hommes.	18	30
— femmes.	12	12
Blanchisseuses.	10	10
Forgerons : 1re classe.	40	60
— 2e classe.	36	45
Aide forgerons.	24	40
Menuisiers.	30	50
Charpentiers	30	45
Bourreliers	24	40
Mâçons pour poêles.	24	36
Préposés aux haldes	24	30
Cantonniers pour routes	—	30
Déchargeurs à la machine	—	57
Préposés aux éféli (refus).	—	30
— trémies.	—	40
Laveurs au vacheguert	—	50
— au vacheguert	—	45

Les ouvriers à la terre travaillent à la tâche, en *artels* ou équipes, constituées par eux-mêmes, avec un chef qu'ils choisissent. L'artel se compose de sept hommes et de trois charrettes attelées fournies par la Compagnie, ainsi que les outils. D'après le contrat d'embauchage, l'artel doit enlever en hiver un minimum de 5 sagènes cubes de *torf*, et en été de 7 sagènes cubes. Sur le *sable*, suivant sa résistance et se plasticité, elle doit abattre et porter à la machine de lavage de 4 à 6 sagènes cubes. Pour ce travail elle reçoit :

Sur le *torf*, pour les 5 sagènes cubes dues par contrat, 1 r. 25 par sagène cube, et pour chaque sagène cube en plus, 3 roubles.

Sur les *sables*, pour les 4 ou 6 sagènes cubes dues, de 1 r. 35 à 2 r. 65; pour chaque sagène cube supplémentaire, 4 roubles.

Les hommes se rendent au travail, en été, à 4 heures et demie ou 5 heures du matin; de 7 heures et demie à 8 heures, ils ont un repas pour le thé, servi sur le chantier.

De 11 heures à 1 heure, ils rentrent dans leurs baraquements pour le dîner et une courte sieste; de 3 heures et demie à 4 heures, ils ont le thé, et ils quittent le travail entre 7 et 8 heures. Le travail de nuit n'est pas pratiqué.

Certains ouvriers de diverses catégories sont payés à la pièce; on applique le tarif suivant :

Charbon de bois. . . . 12 roubles la sagène cubique.
Goudron, poix. . . . . 1 r. 25 le poud.
Roues de charrette. . . 1 r. 25 la pièce.
Briques cuites. . . . . 14 roubles le mille.
Pose de poêles. . . . . 15 à 20 roubles.
Planches (de 6 verchoks
   sur 9 archines). . . 0 r. 15 la pièce.

Voici d'autre part, d'après le *Viestnik zolotopromychlennosti*, n° du 15 décembre 1896, quelques-uns des salaires payés aux ouvriers dans les arrondissements de la Direction des Mines de Tomsk.

ARRONDISSEMENTS.	CATÉGORIE D'OUVRIERS.	
	OUVRIERS A LA JOURNÉE.	ZOLOTNITCHNIKI et STARATIÉLI.
Tobolsk-Akmolinsk	30 kopeks par jour en moyenne.	3 roubles par zolot.
Semipalatinsk-Semiretchensk	Id.	2 r. 80 à 3 r. par zolot.
Tomsk	100 à 200 roubles pour la saison (du 1ᵉʳ mai au 1ᵉʳ octobre).	2 r. 40 à 3 r. 60 par zolot.
Iénisséi septentrional . . .	Hommes : 51 à 98 k. par jour. Femmes : 15 à 50 k. —	2 r. 25 à 3 r. 50 (moy. 3 roub.) par zolot.
Iénisséi méridional.	15 à 20 roubles par mois d'été (du 1ᵉʳ mai au 1ᵉʳ octobre).	
Atchinsk-Minoussinsk . . .	100 à 200 roubles par campagne, suivant occupation.	

Les ouvriers désignés dans le tableau précédent sous le nom de *zolotnitchniki*, ou de *staratiéli*, sont des ouvriers payés non à la tâche, ni à la journée, mais au prorata de l'or qu'ils apportent au bureau de la compagnie : ils exécutent les travaux dits *staratielski*.

Disons enfin que les rapports publiés par les Sociétés à la fin de chaque exercice mentionnent souvent, sous le titre *coût annuel de l'ouvrier*, un chiffre qui n'est autre que le quotient des dépenses totales par le nombre moyen des ouvriers.

	Roubles.	
En Sibérie orientale, sur le Bas-Amour, ce chiffre est de.	1 250 à	1 400
— — sur le Nimane, il est de.	1 500	1 700
— — sur la Zéïa, il est de.	1 000	1 500

La colonne 14 du tableau II (Appendices) donne le *coût annuel* de l'ouvrier pour les différents districts de la Sibérie et pour l'Oural.

CHAPITRE V

CAPITAUX D'EXPLOITATION

Les sommes nécessaires à la mise en valeur des gisements aurifères proviennent en Sibérie de sources totalement différentes que dans les pays d'Occident. Ici, des *Sociétés anonymes par actions* sont formées, avec des titres au porteur d'un montant peu élevé, accessibles à la petite épargne : le capital, souvent considérable, ainsi réuni par la coopération du nombre, sert à couvrir les frais d'achat des propriétés, l'acquisition du matériel, la formation d'un fonds de roulement; les bénéfices, qu'on n'obtient souvent qu'après plusieurs années, donnent pour l'argent engagé un intérêt modeste. En Sibérie, au contraire, un petit nombre d'individus forment une *Société en participation* comprenant généralement 100 parts. La première année, qu'il s'agisse soit de prospections, soit de l'exploitation d'un gisement, chaque membre de la Compagnie, chaque « compagnon », suivant l'expression locale, est invité à fournir une certaine somme, au prorata du nombre de « parts » qu'il possède.

Pour le second exercice, en cas de prospections favorables, on agit de même, et ainsi de suite chaque année, le montant de la cotisation afférant à chaque part étant établi par un budget ou *smiète*, calculé sur les dépenses de l'exercice précédent et les nouveaux résultats que l'on projette.

Les bénéfices (que l'on ne peut attendre, dans le cas d'une exploitation en règle, qu'après le second exercice) sont prélevés sur le profit net et répartis intégralement, sans formation de fonds d'amortissement, entre toutes les parts sociales.

Ces parts sont négociables et transférables.

En somme, les « compagnons » font, chaque année, les avances nécessaires : 1° pour l'achat des vivres et des marchandises et leur transport; 2° pour les frais de main-d'œuvre sur les chantiers. Il n'y a point, sauf de fort rares exceptions, immobilisation de capitaux pour l'acquisition d'un matériel qu'il faudrait ensuite amortir.

Dans ces conditions, pour qu'une exploitation soit considérée comme fructueuse, l'or retiré pendant la campagne actuelle, de mai à octobre, doit :

1° Rembourser toutes les avances de vivres, de matériel et de main-d'œuvre, plus tous les frais généraux, les impôts, les redevances, etc.; 2° laisser un bénéfice égal à l'ensemble de ces avances, c'est-à-dire donner un bénéfice de 100 p. 100 sur les capitaux engagés pour la campagne.

Des placers donnant, suivant cette manière de calculer, des bénéfices de 30 à 40 p. 100 sont considérés, en Sibérie orientale, comme médiocres; on en exploite cependant un certain nombre qui ne donnent pas plus de 20 p. 100.

LIVRE III

MÉTHODES ACTUELLES D'EXPLOITATION

CHAPITRE PREMIER

RECHERCHES OU PROSPECTIONS (*POISKI*)

Lorsqu'on décide, en Sibérie, de faire des recherches pour un nouveau district aurifère, des « prospections », suivant l'expression anglo-saxonne, des *poïski*, suivant le mot russe, la première chose est de trouver les fonds de l'expédition, car bien rarement voit-on, comme en Australie, aux États-Unis ou en Colombie anglaise, un homme partir seul, ou avec un compagnon, n'emportant que les provisions indispensables qu'il peut mettre sur un âne ou un cheval, un fusil, un pic, quelques cartouches de dynamite, du jambon, de la farine, du café, etc. La difficulté de voyager à travers la *taïga,* l'impossibilité de se ravitailler, le manque complet d'habitants, colons ou indigènes, la presque probabilité de ne pas rencontrer de gibier[1], la nature marécageuse du sol, tout s'oppose à ce qu'un aventurier, ou deux, ou trois, se livrent à la recherche de l'or sans un équipement considérable, par suite assez coûteux. On en cite des cas, il est vrai, mais combien ont réussi et combien n'ont trouvé que la mort !

Parfois les fonds sont fournis par un seul individu ; plus généralement une « Compagnie » se forme sur les bases que nous avons indiquées dans un chapitre précédent.

Puis il faut s'occuper de trouver les hommes qui feront partie de l'expédition. Dans des cas, trop peu nombreux, où le but des *poiski* est scientifique, ou lorsqu'ils ont été organisés par les soins de l'Administration des Mines ou du Cabinet de Sa Majesté, la direction en est donnée à un ou plusieurs Ingénieurs des mines (telle l'expédition partie durant l'été de 1896 pour étudier la côte de la mer d'Okhotsk, à l'est des Stanovoï). Généralement, on choisit un homme inspirant confiance, ayant travaillé sur les placers, connaissant par la pratique la vie dans les solitudes sibériennes, et on lui adjoint de huit à quinze ouvriers également au courant du travail des sables. Des guides indigènes complètent le personnel, car bien que les Iakoutes, les Orotchones et les diverses tribus mongoles

---

[1]. La Sibérie est giboyeuse ; sans doute, mais il est fort difficile de compter sur un approvisionnement dû à la chasse dans un pays aussi couvert de forêts.

III. — Équipe de recherches (partie), Sibérie orientale.

de l'est de la Sibérie n'exploitent pas les placers, cependant ils connaissent l'importance que les blancs attachent à l'or, et ils sont souvent des indicateurs précieux, par la connaissance qu'ils ont des rivières, des sentiers, de la vie dans la forêt et des indices qu'ils ont pu recueillir dans leurs expéditions de chasse ou de pêche.

Le matériel se compose de traîneaux à chevaux, à rennes ou même à chiens, suivant les districts, de quelques outils primitifs, pic et pioche. Les approvisionnements consistent en poisson sec ou fumé, en *soukhari*, sorte de pain séché au four, en sel, thé et sucre.

Les expéditions, préparées en été et en automne, se mettent en marche dès que la gelée est venue et que le traînage est possible, car alors le sol marécageux des vallées et des forêts est égalisé, durci, et l'on peut voyager dans des régions où en été le cheval enfonce jusqu'au poitrail et où il faudrait s'ouvrir un passage à la hache au milieu des broussailles, des racines et des arbres tombés. C'est généralement vers octobre ou novembre que les « *parties* » s'engagent dans les terres non encore prospectées.

Le chef d'une équipe ne se guide ni sur des connaissances techniques, qui d'ailleurs lui manquent, ni sur des indices géologiques, comme le prospecteur américain, puisque tout le pays est recouvert d'une impénétrable couche de neige, mais bien sur l'aspect général des vallées, leur direction, leur pente, etc. ; il s'attache à retrouver dans certains endroits la configuration des localités où il s'est formé. Il s'en remet à son flair, à la chance. On comprend quelle est alors la part du hasard dans ces prospections, et nombreuses sont les histoires de placers découverts par on ne sait vraiment quel hasard. L'aventure est classique de ce chef de *partie* qui, adonné à la boisson, arrête ses hommes dans une vallée, leur fait construire des abris, installer un camp et commencer des fouilles. Les puits de recherches s'approfondissent, le *torf* est épais; le gravier que l'on rencontre n'est pas aurifère; les hommes se découragent : « Creusez toujours », dit le chef de *partie*, et il continue à boire et à cuver son eau-de-vie, alternativement... « Creusez toujours », et à la stupéfaction de ses hommes qui le croyaient fou et menaçaient de l'abandonner, ils trouvent l'un des *plasts* les plus riches qui aient été rencontrés en Sibérie, à 90 archines (63 mètres) de profondeur !!! L'obstination d'un ivrogne avait amené la découverte d'un gisement dont tout homme sensé eût renié l'existence.

Donc, un endroit paraissant favorable une fois atteint, le camp est dressé, et les recherches commencent d'abord sous la glace, dans le lit des rivières ou des ruisseaux ; si l'on trouve de l'or, on creuse des *schourfs*[1] dans le sol gelé de la vallée, et le sable retiré est lavé grossièrement, soit à la batée, soit sur une table inclinée d'un usage com-

---

1. *Schourf*, puits de recherches.

mun en Sibérie (*vacheguert*)[1]. Si la teneur semble justifier l'exploitation future du placer, on plante des poteaux, on prépare une *zaïavka* ou déclaration, et l'expédition continue ou revient en arrière. Une déclaration est alors faite à la police et à l'administration locales des mines, comme nous l'avons indiqué dans le chapitre III du livre I.

Grosso modo, on estime à 800 ou 1000 roubles par homme les frais d'une semblable expédition de recherches dans la Sibérie orientale.

Le chef de *partie* est récompensé par une part dans les bénéfices de l'exploitation des placers qu'il a décou-

---

1. Le *vacheguert* (de l'allemand *wasch-herd*) est un plan incliné d'environ 2 mètres de long sur 1 mètre de large.

L'eau, amenée par le tuyau T, est donnée à volonté par le robinet R et s'écoule en lame mince, uniforme, par-dessus le bief B.

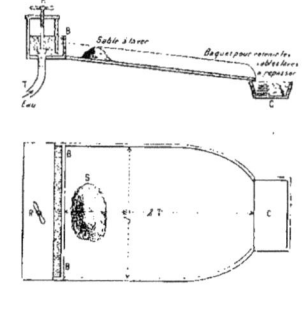

L'ouvrier, armé d'une sorte de racloir en bois mince, emmanché comme un râteau, brasse les matières en leur faisant remonter le fil de l'eau : de cette façon les particules les plus légères sont entraînées et sont rejetées, ou, s'il y a lieu, recueillies dans le baquet où on les reprendra pour un second lavage. Sur la table restent les particules pesantes (or, pyrites, oxydes de fer, silicates lourds).

Lorsque la concentration est suffisamment avancée, l'ouvrier prend un petit racloir de bois de forme trapézoïdale et continue son travail avec plus de soin; il se termine avec une brosse douce et finit par ne garder sur le vacheguert que de l'or à peu près pur, qu'il recueille sur une petite pelle en tôle, où l'on fait sécher l'or à une flamme douce.

verts; on lui donne généralement 1/60°, quelquefois 200, 300, et rarement 400 roubles par poud d'or retiré (le poud d'or valant 18 000 roubles crédit). C'est ce qu'on appelle le *popoudnoé*.

Récemment, les prospections faites par les Compagnies puissantes de la Sibérie orientale prennent une allure différente. Les *parties*, sous la conduite d'ingénieurs des mines, remontent en été les fleuves sur des chaloupes à vapeur, chargées de vivres et de provisions, s'engagent dans les affluents et se rapprochent autant que possible du champ d'exploration. C'est sur ces bases qu'une expédition a été dernièrement envoyée sur l'Aldane, un des plus gros affluents de droite de la Léna, qu'elle rejoint en aval de Iakoutsk.

CHAPITRE II

TRAVAUX D'ÉTUDES : (*RAZVIÉTKI*)

Les travaux d'études ayant pour but de déterminer la portion exploitable d'un placer, supposé bon d'après quelques schourfs qu'y a creusés la *partie*, et qui ont motivé une demande de concession, se font suivant des règles immuables en Sibérie, et qu'on applique du versant oriental de l'Oural aux rives du Pacifique. On couvre la surface du placer d'un réseau de *schourfs* répartis à 10 ou quelquefois 5 sagènes l'un de l'autre, sur des « *lignes* » distantes de 20 à 30 sagènes, perpendiculaires à l'axe fictif de la vallée. Ces schourfs ont une section, à la surface du sol, de 1 sagène × 1 sagène et sont censés[1] atteindre la *potchva* ou *bed-rock*.

Dans les districts éloignés, où l'on est privé de pompes, même primitives, il est d'usage de creuser ces schourfs en hiver, la congélation du sol permettant alors un travail

---

[1]. Nous disons *censés*, car, bien souvent les puits de recherches sont arrêtés avant d'avoir touché le sous-sol rocheux.

facile (sauf dans les cas, assez fréquents dans le bassin de l'Amour, de la venue d'eaux chaudes souterraines ne se congelant pas à mesure qu'elles suintent le long des parois du puits).

Aussitôt que l'on a dépassé l'humus et le limon fin qui recouvrent le gravier, on met à part, en tas, tchétverte par tchétverte (1 tchetverte = 1/4 d'archine = $0^m,17$), sur le bord du schourf, les sables retirés, avec une planchette portant les indications voulues. Dès que le dégel arrive, tous ces tas sont lavés au *vacheguert* et la teneur aux 100 pouds, en zolotniks et dolis, transcrite sur le *Journal des schourfs*.

En même temps, on reporte sur le plan des placers la position de chaque schourf en inscrivant à côté du numéro d'ordre l'épaisseur du *torf* et du *plast* et la teneur moyenne calculée de celui-ci. On est alors en mesure de tracer sur les cartes d'abord, sur le terrain ensuite, les frontières du terrain exploitable.

En Sibérie orientale, on estime que le fonçage d'un schourf d'une profondeur de 5 à 6 archines ($3^m,50$ à $4^m,20$) revient à environ 20 roubles, tout compris (salaire des hommes à la tâche, leur nourriture, surveillance, etc., etc.).

IV. — Abatage du stérile. — Placers de la Cie de l'Angouine (Province du Littoral).

CHAPITRE III

TRAVAUX D'EXPLOITATION

I. — Enlèvement du torf.

La première opération consiste à mettre à découvert la couche payante ou *plast* après avoir coupé les arbres et enlevé les racines.

L'abatage du stérile se fait en gradins d'environ 1 archine de puissance (0^m,71); les instruments sont le pic, ou quelquefois la simple barre à mine, pour ébranler la terre, et la pelle pour charger les petits tombereaux à deux roues et à un cheval (*tarataïkas*), d'une contenance moyenne de 25 à 35 pouds (412 à 676 kilos).

Le stérile est ainsi transporté, soit dans une portion déjà exploitée du placer, soit sur les bords, en ayant soin, ce qui n'arrive pas toujours, de ne pas recouvrir ainsi des portions plus tard exploitables de la couche aurifère. Les haldes (*otvals*) de stérile doivent, d'après la loi, être tenus séparés des haldes que l'on formera avec les *efeli* ou *tailings* (résidus du lavage).

D'après des observations faites sur l'Amgoune, une *artel* de sept hommes, avec trois tarataïkas, porte aux haldes, pendant une période de travail effectif de dix heures, un volume en place d'environ 7 sagènes cubes de torf.

	Roubles.
Le prix de revient par sagène cube est de.	3.287

Ainsi répartis :

Main-d'œuvre (salaire des hommes et leur entretien; on a tenu compte des frais de transport des hommes). . .	2.275
Chevaux (entretien des chevaux, réparation des tarataïkas, dépréciation). .	0.829
Surveillance.	0.131
Entretien du matériel (forgerons, charpentiers, etc.)..	0.052
	3.287

Soit, *0 fr. 91 par mètre cube*.

II. — Abatage du plast et transport à l'appareil de lavage.

L'abatage du plast se fait suivant les mêmes principes :

Sur l'Amgoune, une *artel* transporte à l'appareil de lavage en dix heures, 5 sagènes cubes de plast.

V. — Abatage du stérile ou *torf*. — Placers de la Cⁱᵉ du Haut-Amour.

TRAVAUX D'EXPLOITATION.

Le prix de revient s'établit comme suit, par sag. cube :

	Roubles.
Main-d'œuvre	3.51
Chevaux	1.55
Surveillance	0.18
Entretien du matériel	0.05
Total	5.29

Soit, *1 fr. 47 par mètre cube.*

La part du transport par tarataïka, depuis le front d'abatage jusqu'à la plate-forme de lavage, — distance qui varie de quelques sagènes à 150 ou 200 sagènes, — est de :

	Roubles.
Chevaux et tarataïkas	1.55
Main-d'œuvre (3 hommes sur 7 de l'artel)	1.50
	3.05

Soit *0 fr. 84 par mètre cube.*

Ceci nous amène à étudier cette question du *transport des matériaux par chevaux*, question des plus importantes, en raison des frais dont elle grève la plupart des exploitations sibériennes, surtout dans l'Est.

Les chevaux, élevés dans le gouvernement de Tomsk, sont achetés à Irkoutsk ; ils coûtent dans cette ville 157 r. 50 en moyenne, y compris leur harnachement et le traîneau sur lequel ils apportent de 18 à 20 pouds de marchandises jusqu'à Blagoviestchensk. Là ils séjournent deux mois environ, puis on les embarque pour les mines, où ils arrivent pour le 15 mai, après être partis d'Irkoutsk vers le commencement de janvier et être arrivés en mars à Blagoviestchensk.

Le prix de revient des animaux aux mines peut s'établir comme suit :

	Roubles.
Coût à Irkoutsk (avec traîneau et harnais, estimés à 40 roubles).	157.30
Ferrure	1.00
Entretien en route (deux mois)	80.00
50 jours d'entretien à Blagoviestchensk	28.51
Transport en bateau à vapeur de Blagoviestchensk aux mines (seize jours).	25.65
Total.	292.46

En décomptant le prix du traîneau et du harnachement, et en admettant que le fret des 20 pouds traînés par le cheval est compensé par son entretien en route d'Irkoutsk à Blagoviestchensk, — c'est-à-dire en retranchant 120 r., — l'animal revient aux mines à 172 r. 46.

Aux mines, on estime que son entretien journalier revient à 1 r. 75 (1 r. 63 pour la nourriture, 0 r. 12 pour les frais d'écurie et le salaire des palefreniers). Sa nourriture est de 1/2 poud d'avoine et de 1/2 poud de foin.

L'avoine, amenée de loin, est souvent de pauvre qua-

VI. — Vue d'un chantier d'abatage sur les placers de la Cie de l'Angoume (Province du Littoral).

lité ; le foin naturel, fauché sur place, dans les endroits découverts, le long des cours d'eau, est rude, peu nourrissant ; les ouvriers, travaillant à la tâche, surmènent les chevaux, les font trotter sur le *bed-rock* rugueux et coupant des placers ; les palefreniers les soignent mal. Aussi le déchet est-il considérable : on le calcule à 15 p. 100.

Remarquons enfin que le capital engagé de cette façon est considérable pour des entreprises dont le matériel fixe (habitations, outils, machines) n'a souvent qu'une petite valeur.

III. — Lavage des sables à la machine.

L'élément essentiel de l'appareil de lavage usité en Sibérie, de l'Oural à l'océan Pacifique, est le *schlouss*, analogue au *sluice* des installations anglo-américaines. C'est une table inclinée, de longueur modérée, à laquelle on donne une forte pente, munie d'éclusettes, ou arrêts, perpendiculaires à la plus grande ligne de pente et destinées à recueillir l'or. Les matériaux à laver sont amenés sur une plate-forme placée à 3 ou 4 sagènes au-dessus du sol, cette hauteur étant limitée par le plan incliné que doivent gravir les chevaux traînant les tarataïkas, et qui ne peut être ni trop long ni trop raide. L'eau nécessaire au débourbage des matières est amenée par des canaux en bois.

A l'extrémité inférieure du *schlouss*, des boîtes pyramidales reçoivent les sables lavés, tandis que l'eau et les matières fines sont rejetées dans la vallée.

Le simple *schlouss* s'appelle *koulibine;* muni à la plate-forme d'alimentation d'un appareil débourbeur, *tchachka*[1], ou d'un trommel, *botchka*, il prend le nom générique de *Machina* (*Machine*). La force motrice est généralement l'eau actionnant une roue à palettes, qui met en mouvement le trommel ou les bras de fer de la cuve de débourbage. Le trommel offre l'avantage de faire le triage des gros stériles nommés *galki*.

Sur l'Amgoune, le trommel a une longueur de 2 sagènes; son grand diamètre est de 1 sagène, le petit diamètre de 2 archines. Par des ajutages, au nombre de douze à seize, arrive un volume d'eau égal à douze ou quinze fois le volume du sable lavé : le trommel est garni intérieurement de peignes de fonte qui aident au débourbage du sable et empêchent la formation de pelotes d'argiles ; les orifices du trommel sont d'environ $0^m,025$. Il tourne à dix-huit tours par minute. Les fins sortant du trommel tombent sur un schlouss d'une longueur totale de 6 sagènes, divisé en deux parties, la partie supérieure ayant une pente un peu plus rapide que l'inférieure, et la pente moyenne étant de 4 verschoks par archine, soit 25 p. 100. Chaque partie de ce schlouss est divisée en

---

1. On dit aussi *tchacha*.

VII. — Machine de lavage à simple *schlouss*, sans *botchka* (*Koultöne*) (Sibérie orientale).

VIII. — Vue intérieure d'une machine de lavage, sans *botchka*, ou *Koulibine* (Sibérie orientale).

trois sections longitudinales, garnies d'éclusettes de bois d'une hauteur de 1 verschok 1/2 ($0^m,066$) et distantes l'une de l'autre de 6 verschoks ($0^m,265$).

Les deux premières sections de la partie supérieure sont en outre garnies d'un tapis grossier destiné à arrêter les fines particules d'or. Immédiatement au bas du schlouss, les *tailings* ou *efeli* tombent dans des boites pyramidales, qu'on ouvre par une trappe pour le chargement des tarataïkas qui emportent ces *efeli* aux haldes de déblai.

Une pareille *machine* peut laver par journée de dix heures 40 sagènes cubes, en place, de gravier.

Le gravier retenu par les éclusettes est, deux fois par jour, à midi, avant le repas, et le soir, vers 7 heures, enlevé dans des boites, porté sur l'*amerikanka*, petit sluice secondaire à rifles de fer, et lavé ; ces seconds « concentrés » sont enfin lavés sur le vacheguert. L'or, immédiatement séché, est versé dans une boite confiée à un homme de la police, porté au Bureau de la mine, pesé et enfermé dans un coffre-fort en présence du comptable, du chef du détachement de police et du surveillant de la machine ; deux clefs du coffre-fort sont entre les mains de deux employés ; la troisième est gardée par le chef du détachement de police. A époques déterminées, l'or, sous escorte armée, est envoyé au chef-lieu de district, pour attendre le départ annuel de la caravane qui le conduira au Laboratoire d'Irkoutsk.

Une pareille *machine*, si simple qu'elle soit, exige une main-d'œuvre considérable : savoir :

1 *smotritel* ou surveillant ;
1 aide ;
1 garde de nuit ;
1 laveur ;
3 hommes pour alimenter le trommel et renverser les tarataïkas ;
3 hommes aux trémies des éféli pour y charger les tarataïkas ;
9 hommes pour transporter les éféli et galki aux haldes de refus ;
2 hommes sur les haldes ;
1 homme pour aider le laveur, surveiller les transmissions, etc.
1 homme pour arrêter l'eau et la donner suivant les besoins.

23 hommes en tout.

Une pareille machine revient, coût de premier établissement, à environ 7 000 roubles.

Matériaux (bois et charpente). . . . . 3 500 roubles.
Main-d'œuvre. . . . . 2 038 —
Fer (350 pouds) . . . . 1 575 —

On peut évaluer à 3 000 roubles environ le coût du démontage, transport et remontage, lorsque, le point d'attaque des graviers devenant trop éloigné, il devient nécessaire de rapprocher la machine des travaux.

Avec un gravier contenant un or moyennement gros

et lourd, sans or flottant (*floating gold*), le schlouss donne un rendement de 85 p. 100 environ ; 90 p. 100 de l'or recueilli provient de la partie supérieure du schlouss sur les 2 premières sagènes.

Le *coût du lavage* s'établit ainsi pour 40 sagènes cubes :

	Roubles.
Surveillance	10.686
Main-d'œuvre	12.35
Amortissement	21.66
	44.696
Ou par sagène cube	1.117

Soit *par mètre cube, 0 fr. 31*.

Dans les pages suivantes, nous donnons les descriptions, ainsi que les plans et coupes, de plusieurs machines de lavage en service dans les districts de la Sibérie orientale ; elles aideront à faire mieux comprendre le mécanisme de ces appareils, en même temps qu'elles mettront en évidence la presque identité des différents détails. Les plans ont été, les uns, fournis par M. Littauer, ingénieur de la *Société des Mines d'or de Russie;* les autres, extraits de la publication bimensuelle sibérienne, le *Viestnik Zolotopromychlennosti* (Messager de l'Industrie de l'or).

1° APPAREIL DE LAVAGE DU PRIISK ALEXANDRINSKI (arrondissement de la Léna) (Planche 1) — Comme type de machine de lavage à une *botchka*, avec entraînement automatique par l'eau des *efeli* ou *tailings*, et enlèvement des *galki* (gros stériles) par des charrettes, nous pouvons donner la *machine* du priisk Alexandrinski de la *Compagnie d'Exploitation*. Elle se compose d'une botchka ou trommel *b*, auquel le mouvement est communiqué par une roue *s* par l'intermédiaire de la courroie *i*, passant sur les poulies *ch*. La longueur du trommel est de 14 pieds, son plus grand diamètre de 6 pieds, son plus petit de 5 pieds; la courroie *i* a une largeur de 1 pied; elle est faite de 7 épaisseurs de peau tannée. Pour obtenir la tension de la courroie, on installe dans un cadre spécial la poulie de tension *o*. Le plan incliné *r* a une longueur de 32 pieds et une pente de 4 verschoks par archine (25 p. 100); sur le plan incliné se trouvent les planches d'arrêt *p, p*, les éclusettes mobiles *f, f* et les tapis grossiers *t, t*. L'eau est amenée par des canaux dans le réservoir R, puis de là à la roue et au trommel. Celle qui est destinée au trommel se rend d'abord dans les conduites *u* et *u'*, d'où elle est distribuée par les ajutages x, x, situés à la partie postérieure et vers le plus grand diamètre du trommel. Par la conduite *g* qui sort aussi du réservoir R, l'eau se rend aux ajutages $x_1 x_1$, et sert à entraîner le gravier qui, versé par la trémie *V*, progresse vers la partie la plus large du trommel. Par les conduites *d, d', d''*, l'eau du réservoir R se rend dans l'*amerikanka* A. La conduite T sert à l'écoulement de l'excès d'eau dans le réservoir R, ainsi qu'à celui de l'eau qui a opéré sur la roue; le courant ainsi produit sert à entraîner les *efeli* ou tailings fins. Les galki, ou refus du trommel, sortent par le plan incliné N, garni de plaques de tôle, et s'accumulent dans le conduit *e* fermé par une trémie : c'est là que des tarataïkas viennent se charger et emportent ces galki aux haldes de stériles.

La quantité d'eau nécessaire pour le traitement par jour de 33 600 pouds est de 13 pieds cubes 1/2 par seconde ; 8 pieds cubes sont utilisés pour la roue et 5 1/2 pour le lavage des sables. (Extrait d'un article de M. Iantchoukovsky, *Viestnik Zolotopromychlennosti* du 15 nov. 1894.)

2° Appareil de lavage a deux botchkas (Planches II et III). — Comme type d'un semblable appareil, nous donnons les plans du lavoir à deux botchkas, installé sur le priisk Ivanovski de la *Compagnie Riveraine du Vitim* (arrondissement de la Léna).

Il se compose de deux botchkas ou trommels $v\ v$, montées sur deux axes indépendants, qui, au moyen du manchon s, peuvent être conduits par le treuil central commun. La longueur de chacune des botchkas est de 14 pieds, leur petit diamètre, de 5 pieds 2 pouces, leur grand diamètre, de 7 pieds ; ces botchkas sont formées de plaques de tôle rivées. Le mouvement leur est transmis de la roue motrice K, par les engrenages $K'\ K''$ et K''', à dents de bois. La roue dentée K'' est calée sur le treuil central. L'eau nécessaire au lavoir arrive par des canaux dans le réservoir L, d'où elle passe sur la roue et dans la conduite d; de la conduite d, en passant par le réservoir L', l'eau se rend dans les conduites d', d', d^2, puis, par les ajutages t, dans la botchka pour le lavage du gravier. D'autres ajutages t sont également montés sur la conduite b'. Le réservoir L' sert principalement à retenir l'eau qui a passé sur la roue et qui est ensuite employée au lavage : les conduites d jouent le rôle de conduites de réglage et emmènent le trop-plein des réservoirs L et L' dans les canaux d'écoulement ts, ts. De ce même réservoir L', l'eau se rend aux vacheguerts O par les conduites d^3 et d^4, et aux *amerikankas* f, f par les conduites d^3 et d^5.

La quantité d'eau totale nécessaire pour l'ensemble du lavoir est de 50 pieds cubes par seconde ; 42 sont employés par la roue motrice et 8 pour les deux botchkas. Un excès d'eau arrive dans le réservoir L et s'écoule par une conduite spéciale ; de cette façon on obtient un niveau constant dans L. Les plans inclinés de lavage,— le *schlouss*, — ont une longueur de 62 pieds ; leur largeur est de 14 pieds, leur pente, de 11 verschoks par sagène, ou de 3,33 verschoks par archine de projection horizontale. Ils sont garnis d'éclusettes r, r et de tapis grossiers i, i.

Les trémies à *galki* M sont placées aux deux côtés opposés du lavoir, mais la trappe garnie de fer, sous laquelle on amène pour le chargement les wagonnets à galki, est unique et située dans une direction parallèle aux axes des botchkas ; avant d'être rejetées dans les trémies M, M, les galki roulent dans des couloirs gar-

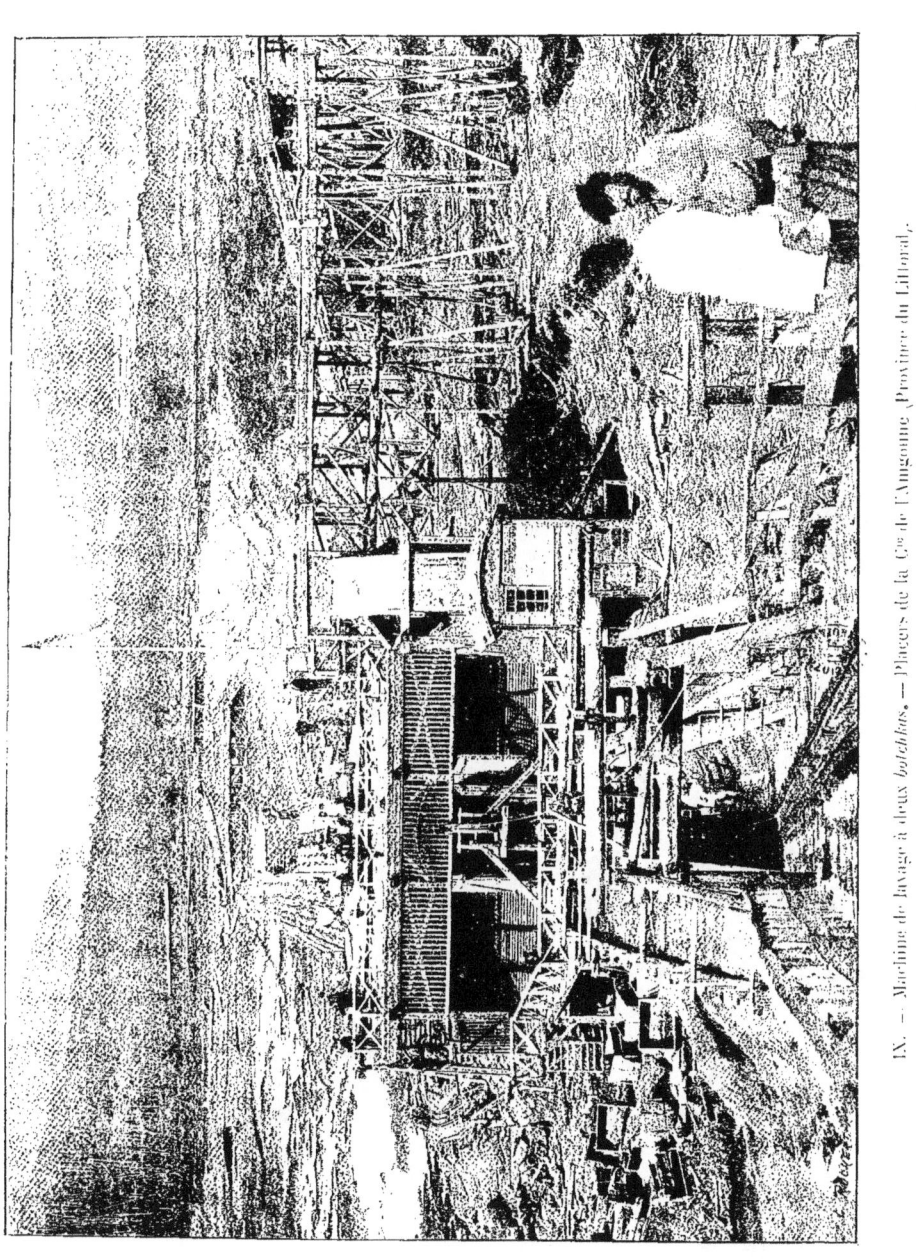

IX. — Machine de lavage à deux *bitchkas*. — Placers de la Cie de l'Amgoune (Province du Littoral).

nis de plaques de tôle; sous ces couloirs sont arrangés des schlouss pour la prise de l'or. Les canaux d'écoulement ts, ts, tournant autour du lavoir, emmènent l'eau qui a passé sur la roue jusqu'au bas du schlouss, où elle sert à entraîner les *eféli* dans le canal d'enlèvement des éféli (*efelnui kanav*, tail-race des Anglais).

La roue motrice K sert non seulement à faire tourner les botchkas, mais encore à donner la force nécessaire à un va-et-vient pour les wagonnets des galki.

Ce lavoir, dans ses deux botchkas, traitait en 1890 84 900 pouds de gravier par jour, soit 42 450 pouds par botchka; on comptait pour l'extraction et le traitement 107 journées d'hommes et 28 journées de chevaux. (Traduit d'un article de M. A. V. Iantchoukovsky, ingénieur technique, dans le *Viestnik Zolotopromychlennosti* du 1er mars 1895.)

3° Dans la planche IV, nous donnons le plan et les élévations *d'un lavoir à une botchka*, actionné par une roue hydraulique et employé aux placers de la *Compagnie du Haut-Amour*. Les explications données plus haut pour le lavoir du placer Alexandrinski permettront de comprendre ces dessins.

4° Comme type d'un lavoir dans lequel, au lieu d'une *botchka* on emploie une *tchacha* (ou *tchachka*, suivant les dimensions), c'est-à-dire une cuve de débourbage, nous donnons, dans la planche V, les plan et coupe de l'appareil employé par la *Compagnie des Mines d'or de Berezov*

(Oural). Dans le dessin ne figurent pas les bras, terminés en forme de socs, qui, par leur mouvement horizontal autour de l'axe de la cuve, déterminent la désagrégation de la masse aurifère et séparent les graviers de leur ciment argileux.

Le chargement de la cuve, qui se fait, dans le type présenté, par renversement direct des wagonnets, se fait quelquefois, comme à Miass (Oural), à l'aide d'une grue élevant les wagonnets et les culbutant au-dessus de la cuve.

Des appareils analogues (grues, puisoirs) servent à élever les *tailings* ou *efeli* au niveau du canal d'entraînement. On emploie aussi à Berezov, notamment, une vis d'Archimède, qui présente l'avantage de retenir sur les surfaces rugueuses de son hélice (construite en bois) des particules très ténues du métal précieux, qui, sans cela, seraient perdues dans les boues. Cet or est récupéré lorsqu'on brûle la vis hors d'usage.

5° Enfin, dans la planche VI, on a les détails d'installation d'un *schlouss* simple, qui fonctionne aux placers Voltchansky et Tchernoriétchensky de la *Compagnie de Bogoslov*. (*Gornui Journal*, 1888, livraison n° 9.)

Comme on le voit, il se compose d'un système de *sluices*, dont le sluice général ou de distribution A, dans lequel on décharge le contenu des wagonnets. Afin d'éviter l'obstruction de ce sluice par les galets de forte dimension, le gravier est culbuté sur la grille *a*, formée de barres de fer espacées l'une de l'autre de 4 verschoks (18 cent.); le refus de cette grille est rejeté dans une trémie ou *caisse à galki*, située sur le côté. Le fond du sluice est garni de tôle à chaudières sous la grille a, et, plus loin, d'éclusettes ou *rifles* de fer, formées de barres d'une épaisseur d'un demi-pouce ($12^{mm},5$) et disposées en damier (fig. 5). Chaque 3 sajènes, le sluice de distribution comporte des orifices b, fermés par une grille de fer (fig. 6), par lesquels s'échappe une partie de l'eau en même temps que le gravier fin. Cette eau et ce gravier fin, ainsi que l'eau et le gravier qui sont parvenus à la grille de queue c, passent dans les sluices latéraux secondaires. Cette grille de queue c est inclinée vers le sluice de distribution (fig. 7), et la masse d'eau et de sables qui vient la frapper se divise en deux parties : l'eau et les fins la traversent et se rendent dans le sluice secondaire de queue, tandis que le refus tombent dans une trémie à galki, d'où on les emporte aux haldes. Afin d'obtenir une meilleure séparation des fins et des gros, le sluice A a une largeur plus grande vers son extrémité, ce qui permet de donner plus de surface à la grille c. C'est cette disposition de la partie terminale du sluice A et de la grille c qui forme la caractéristique du lavoir que nous décrivons. Si l'on dispose la grille c sous un angle de plus de 45° par rapport au courant d'eau, l'eau traverse facilement la grille, tandis que les galets (galki) tombent d'eux-mêmes dans la trémie. L'inclinaison du sluice de distribution est de 8/100, celle des sluices secondaires est de 125/1 000.

Ces sluices latéraux secondaires sont formés de deux parties : la partie supérieure est garnie de *rifles* de bois (fig. 8), la partie inférieure est divisée en 6 sections étroites parallèles et couvertes d'un drap grossier, destiné à retenir l'or fin, que l'eau entraîne facilement. A la sortie des sluices secondaires, les résidus du lavage — *tailings*, *eféli*, tombent dans un réservoir commun, d'où l'eau s'écoule par un canal avec les boues en suspension, tandis que les éféli sont remontés par des chaînes à godets dans les trémies à éféli, d'où, avec des wagonnets, on les transporte aux haldes. Les chaînes à godets sont actionnées par une petite roue hydraulique. La courroie de transmission entre cette roue et les chaînes à godets s'allongeant fortement par suite de l'humidité, on la tend par une poulie *d* (fig. 3) assujettie sur un cadre mobile auquel est fixé un poids : on évite ainsi de la recoudre fréquemment.

L'eau nécessaire au lavage est amenée par l'aqueduc B (fig. 1 et 2), à la tête du sluice de distribution ; on en règle la quantité par une écluse.

Pour un bon lavage, la dépense en eau doit être de quinze fois environ le volume des sables traités. Avec ses dimensions actuelles, ce sluice peut laver, en dix heures, 50 sajènes cubes (485 mètres cubes) de sable. La simplicité et le coût peu élevé d'un pareil sluice, ainsi que l'absence de mécanismes exigeant de la force motrice, lui donnent un avantage énorme sur les lavoirs à tchacha ou à botchka ; quant à sa capacité, c'est-à-dire à la quantité de sable qu'on peut y traiter, elle ne laisse rien à désirer.

IV. — Transport du stérile aux haldes de déblai.

Ce transport, comme nous venons de le dire dans le paragraphe précédent, se fait également par tarataïkas que l'on charge à des trémies situées au bas du trommel pour les *galki*, au bas du schlouss pour les *efeli*.

Voici quel en est le coût pour 40 sagènes cubes:

	Roubles.
Main-d'œuvre.	31.00
Chevaux.	18.475
	49.475
Soit pour 1 sagène cube.	1.237
Et *pour 1 mètre cube*	*0 fr. 34*

Nous venons de tracer dans ses grandes lignes le lavage type usité en Sibérie. Citons quelques variantes, introduites soit par suite de circonstances locales, soit dans un but de perfectionnement :

Les *travaux souterrains* pour l'abatage du plast sont usités lorsque l'épaisseur du torf rend trop coûteux les travaux à ciel ouvert. Dans ce cas, des puits sont creusés le long du thalweg de la vallée, à des distances d'environ 25 sagènes l'un de l'autre, et foncés jusqu'au *bed-rock*.

On les réunit par une galerie principale de roulage d'où partent, à angle droit, des recoupes s'étendant jusqu'à la limite d'exploitabilité du gravier ; dans ces recoupes même, on découpe des tailles équidistantes, parallèles à la galerie principale. Ces tailles ont généralement 2 sagènes de largeur, ainsi que les piliers, que l'on reprend plus tard, en laissant s'ébouler le terrain. Celui-ci, quoique souvent gelé, nécessite un fort boisage, très coûteux.

Les travaux souterrains se font en hiver : pendant l'été tout le personnel est employé au lavage.

Plusieurs compagnies ont essayé d'adopter des *appareils de dragage*, du type de ceux employés en Nouvelle-Zélande. Généralement les résultats ont été moins bons qu'on ne l'espérait, et cela est provenu de plusieurs causes : 1° le manque de bonne volonté des ouvriers et des employés vis-à-vis de tout changement apporté à leurs anciennes méthodes ; 2° l'absence d'ateliers où des réparations puissent se faire rapidement et commodément ; 3° surtout, ce fait qu'un appareil mécanique, excellent dans un pays donné, sur un certain terrain, n'est pas infailliblement bon dans un autre pays avec des conditions locales fort différentes.

La même observation générale s'applique à l'emploi des *excavateurs* qui, de plus, ont eu l'inconvénient d'envoyer à la machine de lavage un cube bien supérieur à celui qu'elle pouvait passer : d'où mauvais rendement pour l'excavateur. Et encore, le volume d'eau exigé pour

X. — Transport sur rails du gravier (C¹ᵉ du Haut-Amour).

le lavage du cube extrait par l'excavateur devrait-il être souvent amené à grands frais.

Pour améliorer les *transports* on a essayé les rails Decauville, avec traction par chevaux, ou encore une voie avec wagonnets remorqués par de petites locomotives mais sans bons résultats. La difficulté ici réside dans ce que le front d'attaque, c'est-à-dire le point de chargement des wagonnets, s'éloigne constamment de la machine de lavage, point fixe. Il en résulte la nécessité d'un remaniement continuel des voies sur lesquelles se fait la traction, c'est-à-dire une perte de temps et de main-d'œuvre considérable.

Enfin on a employé des tractions à câbles sans fin pour la manipulation des wagonnets emportant les résidus; dans ce cas, les résultats ont été meilleurs, bien que les systèmes adoptés soient encore bien primitifs. Une installation de ce genre aux mines de la Compagnie de l'Amgoune permet de transporter les *efeli* du bas du schlouss aux haldes de déblai aux prix de 0,70 par sagène cube, soit fr. 0,195 par mètre cube (Planche VII, fig. 5 et 6).

CHAPITRE IV

VENTE DE L'OR A L'ÉTAT

Comme nous l'avons déjà dit, tout l'or retiré des placers ou filons doit être vendu à l'État.

Pour ce service, il y a en Sibérie deux Fonderies ou Laboratoires : l'un à Irkoutsk, le second à Tomsk. Le Laboratoire de Barnaoul est réservé à l'or provenant des priiski et des mines formant la propriété particulière de Sa Majesté.

Ces Laboratoires du Gouvernement ont pour principale fonction de réduire en lingots l'or brut apporté par les exploitants, d'analyser et de titrer ces lingots et de calculer la redevance à payer. Ils ont aussi pour attributions de rendre service aux particuliers en faisant des analyses et des essais sur les roches, les minéraux, les produits d'usine, etc., suivant un tarif spécial.

L'or brut (*schlikovoé zoloto*), provenant des exploitations privées, doit être expédié aux Laboratoires en sacs scellés, l'or de chaque priisk étant dans un sac séparé, portant le sceau du propriétaire ; plusieurs de ces sacs ou paquets peuvent être réunis dans un sac commun, portant l'indication détaillée du contenu.

La réception de l'or au Laboratoire n'est obligatoire qu'aux jours et aux heures désignés à cet effet. La personne apportant de l'or fait inscrire son dépôt dans un registre spécial qu'elle signe, et en même temps adresse au directeur du Laboratoire une demande de fusion et de titrage. Elle y joint un certificat de transport délivré par l'Ingénieur de l'arrondissement, ou par le commissaire de police spécial des mines, ou par l'autorité compétente du district minier. Dans la demande de fusion, l'exploitant ou son fondé de pouvoirs doit expliquer par qui les certificats ont été délivrés, de quels priiski vient l'or et en quelle quantité, et déclarer à quel nom doivent être faites les assignations (*assignofki*), où elles doivent être adressées et à qui elles doivent être remises : — au propriétaire ou à son fondé de pouvoirs.

Les droits pour la fusion de l'or (autrefois 35 kopeks par livre d'or brut pour les mines de la Direction des Mines de Tomsk) sont versés soit à la Direction des Mines, soit aux Domaines ; quittance en est donnée dans ce dernier cas. Pour la fusion de l'or des priiski de la Direction d'Irkoutsk, il était pris 30 kopeks par livre, et la somme doit être versée au bureau de l'Administration des Domaines du Gouvernement d'Irkoutsk.

Les quantités moindres qu'une livre paient comme la livre[1].

La fusion de l'or a lieu suivant le tour d'inscription des demandes. L'exploitant, ou son fondé de pouvoirs, est prévenu du moment où la fusion doit être faite en sa présence, la veille du jour de l'opération. L'or qui a été engagé dans les diverses succursales de la Banque Impériale, ainsi que l'or confisqué, est fondu dans l'ordre de rentrée au Laboratoire des instructions données à ce sujet par la Direction des Mines; l'or qui a pu être saisi par le commissaire spécial des mines pour le paiement d'office de salaires d'ouvriers peut être fondu hors tour. L'exploitant qui ne se trouve pas au Laboratoire au jour fixé pour la fonte de son or perd son tour, et son or n'est fondu et coulé en lingots qu'après celui de tous les autres exploitants convoqués pour ce jour-là.

Après que l'on a vérifié que les sacs contenant l'or sont intacts, ainsi que les sceaux qui y sont apposés, l'or brut est pesé dans un creuset de graphite, avec un léger surplus, conservé au Laboratoire et provenant des balayures ou des résidus des prises d'essai d'une fusion précédente faite pour le même propriétaire.

On fond en un seul lingot, — si la quantité n'est pas trop considérable, — l'or provenant de plusieurs priiski appartenant à une même personne ou à une même Compagnie.

---

[1]. Le réglement du 3 février 1897 fixe uniformément les frais à 42 roubles 31 kopeks et demi par poud d'or, soit 1R.058 par livre.

L'or fondu est coulé en lingots dont le poids ne doit pas excéder 2 pouds 1/2 (40^{kg},952); chaque lingot est plongé dans l'eau pour le débarrasser de la scorie, puis il est pesé; on le brosse et on le pèse de nouveau, après quoi, de chaque lingot, on enlève 1/2 zolotnik environ pour le titrage. Toutes ces opérations sont faites en présence de l'exploitant ou de son représentant, qui signe un procès-verbal attestant qu'il était présent à la fusion en lingots et à la prise d'essai. La scorie et les déchets, recueillis au cours du nettoyage du lingot, sont conservés pour les fusions subséquentes d'or provenant des mêmes priiski.

Les rognures prélevées sur chaque lingot sont employées à la détermination du titre; ce qui reste inutilisé de ces échantillons est conservé, pour huit mois au moins, au Laboratoire, pour le cas où il y aurait désaccord entre les essais et les résultats obtenus directement ou par calcul, à l'Hôtel des Monnaies de Saint-Pétersbourg. Si la scorie, les déchets et les essais restent non fondus dix ans, ils reviennent de droit au fisc.

Le Laboratoire communique ensuite à la Direction des Mines les papiers des exploitants concernant la fusion de leur or, ainsi que le résultat des fusions et du titrage. Sur ces bases, la Direction établit un bordereau détaillé, indiquant : 1° les impôts sur l'or et l'argent; 2° les frais du transport de l'or jusqu'à l'Hôtel des Monnaies de Saint-Pétersbourg et les frais de frappe; 3° les avances, s'il y en a eu, faites sur l'or brut par les succursales de la Banque Impériale et les frais de son transport au Laboratoire ; 4° les arrêts-saisies qui peuvent avoir été prononcées contre l'exploitant ; 5° la quantité d'or restant au compte de l'exploitant toutes déductions faites.

Le producteur reçoit de la Direction des Mines, en échange de son or :

a) des *assignofki* sur la Monnaie de Saint-Pétersbourg, payables au bout de six mois au plus et pour une valeur d'au moins 20 *demi-impériales*[1], b) des reçus pour la quantité d'or inférieure à 20 demi-impériales et pour l'argent contenu dans les lingots.

Les exploitants peuvent négocier et engager ces *assignofki*, tant à des particuliers qu'à des établissements de crédit, en les endossant et en faisant légaliser leur signature par la police ou un notaire.

L'Hôtel des Monnaies de Saint-Pétersbourg, en recevant l'or, lui fait subir un titrage de vérification, vérifie les comptes, et après avoir fait les retenues pour transport, fonte, saisies, etc., convertit en espèces ce qui reste de l'or pour le paiement des *assignofki* et des notes des Directions des Mines. Dans le cas où on constate un excédent sur les essais du Laboratoire, la Monnaie rembourse cet excédent à l'exploitant ; dans le cas d'un déficit, elle le recouvre de l'exploitant.

1. La *demi-impériale* est la pièce d'or de 5 *roubles or*, valant 20 francs.

CHAPITRE V

PRIX DE REVIENT DE L'OR
ET BÉNÉFICES DE L'EXPLOITATION

Pour terminer cette étude des procédés actuels d'exploitation, et sans entrer dans le détail du prix de revient, comme on l'établit en Europe et en Amérique, nous donnons ci-dessous les chiffres des dépenses totales rapportés au poud d'or. Le poud d'or fin vaut 21,158 roubles papier; l'or brut des alluvions Sibériennes est du titre $800/1000^{es}$ à $940/1000^{es}$ environ. Au titre moyen de $900/1000^{es}$ le poud vaut 19,042 roubles. Les frais de transport, d'affinage, etc., varient suivant l'emplacement des mines et leur distance de la Fonderie; ainsi, pour les placers de l'Amgoune, on reçoit à Irkoutsk 18,075 roubles du poud d'or brut.

Prix de revient du poud d'or dans diverses localités de la Sibérie.

COMPAGNIE MINIÈRE	QUANTITÉ D'OR PRODUIT				DÉPENSES TOTALES DE L'EXERCICE		PRIX DE REVIENT TOTAL DU POUD D'OR		BÉNÉFICES NETS DE L'EXERCICE		RAPPORT des BÉNÉFICES aux dépenses totales de l'exercice.
	Pouds	Livres	Zolotniks	Dolis	Roubles	Kop.	Roubles	Kop.	Roubles	Kop.	
Compagnie des Mines d'or du Nimane (Exercice 1891-92)	96	24	55	»	810077	14	8385	»	670374	—	82.3/4 0/0
Compagnie des Mines d'or du Nimane (Exercice 1892-1893)	91	2	36	»	999149	64	10972	»	?	?	?
Société des Mines d'or de Minoussinsk (Exercice 1891-1892)	8	23	52	88	96063	59	11483	»	63661	67	66.4
Propriétés aurifères de l'Iénisséi méridional (N. V. Astachef) (Exercice 1892-1893)	20	11	40	36	248146	87	12230	»	83245	60	33.2/3
Compagnie de l'Altaï du Sud (de 1882 à 1893)	347	15	4	»	4532668	98	13086	»	1848337	91	40.6
Société des Mines d'or de Miass (Exercice 1894)	74	21	44	92	983235	21	13190	»	206499	76	21.1
Compagnie des Mines d'or du Haut-Amour (Exercice 1895-1896)	138	3	»	»	2233324	43	16191	»	353358	01	15.85
Société des Mines d'or de la Léna (Exercice 1893-1894)	174	23	80	42	1918246	50	10980	»	985483	43	50.3/4

Remarque. — On obtiendrait le chiffre que le poud d'or rapporte à la Compagnie en divisant, par le nombre de pouds produits, la somme des dépenses totales et des bénéfices nets de l'exercice, si, dans le compte général des recettes, n'entraient pas des sommes provenant d'une source autre que la vente de l'or à l'État; bien que comparativement insignifiantes, elles suffisent à dénaturer le résultat d'un pareil calcul.

D'autre part, dans un article récent du *Viestnik zoloto-promychlennosti*, on trouve le calcul suivant :

1° Les Fonderies Impériales paient, en moyenne, 18000 roubles crédit le poud d'or brut;

2° Le nombre moyen d'ouvriers employés à l'élaboration d'un fond d'or est :

Dans l'Oural. . . . . de   64,3
Dans la Sibérie occidentale . . . . —   54,0
Dans la Sibérie orientale { sur la Léna. — 11,3
                          { sur l'Amour — 14,5
                          { Ailleurs. . — 28,4

tandis que le coût moyen annuel de l'ouvrier est de :

1000 roubles dans le district de la Léna;
 800   —   —   de l'Amour;
 400   —   dans les autres districts de la Sibérie orientale.
 250   —   dans l'Oural et la Sibérie occidentale.

3° Le prix de revient moyen du poud d'or est donc :

16075 roubles dans l'Oural;
13500   —   dans la Sibérie occidentale;
11300   —   sur la Léna;
11600   —   sur l'Amour;
11300   —   dans les autres régions de la Sibérie orientale.

4° Par suite, le profit réalisé est d'environ :

2000 roubles par poud dans l'Oural;
4500   —   —   en Sibérie occidentale;
6500   —   —   —   orientale.

LIVRE IV

MODIFICATIONS A INTRODUIRE DANS L'EXPLOITATION

CHAPITRE PREMIER

LÉGISLATION, MAIN-D'ŒUVRE

Au nombre des changements qui ne pourraient que profiter à l'industrie aurifère de la Sibérie, nous croyons devoir signaler les points suivants :

1° *Allocation plus rapide des concessions.* — On a vu plus haut que l'allocation d'une concession peut n'être faite que deux ans après l'instance ; pendant cette période, l'exploitant n'est pas autorisé à se livrer aux travaux préliminaires d'études. Il semble que la création de centres administratifs plus rapprochés les uns des autres, et une sorte de décentralisation du service d'allocation permettraient de réduire sensiblement cette période d'attente et d'inactivité.

2° *Facilité plus grande accordée à l'exploitant de négocier l'or qu'il a retiré de ses placers.* — Avec le système actuel, d'après lequel un exploitant doit attendre un an pour rentrer dans ses débours, il perd une somme importante, représentant l'intérêt du métal précieux pendant la période qui s'écoule entre le moment où il a extrait l'or et le moment où ses *assignofki* sont payables. Ne pourrait-on pas établir dans chaque district minier une succursale des bureaux officiels d'essais, autorisée à payer intégralement, ou tout au moins en grande partie, l'or apporté ? Pour l'instant, le simple prospecteur, l'homme sans réserves de capitaux, est écarté de l'exploitation par cette difficulté où il se trouve de rentrer dans ses déboursés [1].

3° *Obligation, sous peine de déchéance, d'exploiter dans un délai donné toute concession accordée.* — Il n'est pas rare de voir une Compagnie posséder vingt, trente, cinquante concessions dont sept à huit sont exploitées, tandis qu'une dizaine sont étudiées par schourfs, les autres étant absolument vierges de tout travail, et néanmoins inaccessibles aux autres prospecteurs ou exploitants. Cet accaparement de terrain est des plus préjudiciables au développement rapide du pays. Il faudrait que tout concessionnaire fût tenu, dans un délai de deux à quatre ans, ou d'exploiter sa concession ou de la rendre aux Domaines [2].

---

1. On nous écrit de Saint-Pétersbourg qu'une commission a été instituée au Département des Mines, pour étudier la question de la libre circulation de l'or en Russie.

2. La grande industrie se retranche derrière cet argument, que, faisant des débours considérables, elle doit s'assurer une réserve de

4° *Suppression du travail des zolotnitchniki.* — Nous avons vu que les Compagnies ne donnent à cette classe d'ouvriers que 2 r. 50 ou 3 roubles, — 2 r. 75 en moyenne, — par zolotnik d'or qu'ils trouvent et rapportent au bureau de la mine. Or cet or, si on lui suppose une finesse de 900/1000es, vaut, par zolotnik, 5 r. 014, et après paiement des impôts, des frais de fusion et de transport, environ 4 r. 75. On retient donc à l'ouvrier, pour sa nourriture et son logement, les 42/100es de l'or trouvé par lui. Ce bas prix, payé par les Compagnies, pousse au vol, d'abord ; car les ouvriers ont tout intérêt à vendre leur or, généralement contre de l'eau-de-vie, à des contrebandiers, qui passent ensuite sur territoire chinois, et s'y défont du métal à bon profit, tout en donnant à l'ouvrier plus que la Compagnie ne le ferait. Il cause de plus un travail négligé, les hommes ayant avantage à chercher l'or « gros » sans perdre leur temps à recueillir l'or « fin ». On estime, et avec raison ce semble, que 20 à 25 p. 100 de l'or du gravier travaillé par les zolotnitchniki est perdu pour l'exploitant.

5° *Introduction sur les placers du travail de nuit.* — La saison sibérienne est de peu de durée il est vrai, mais, en revanche, les nuits sont fort courtes dans les latitudes

---

terrains aurifères pour remplacer peu à peu ses chantiers épuisés : cela est vrai jusqu'à un certain point; mais il ne pourra plus en être de même lorsque le pays, ouvert par la voie ferrée, verra augmenter le nombre des exploitants de bonne foi; il faudra alors limiter cette sorte de prime qu'on donne à la puissance de l'argent.

de 50° à 60°; une dépense minime pourrait assurer sur la plupart des placers une installation d'éclairage électrique; les hommes partagés en deux postes, le poste de jour et celui de nuit, donneraient un aussi bon rendement qu'actuellement, car, bien qu'arrivant au travail à 5 heures du matin, et ne le quittant qu'à 8 heures du soir, ils ne travaillent pas en réalité plus de dix heures; de plus, la durée de la campagne serait doublée : au lieu de douze cents heures de travail, on disposerait de deux mille quatre cents.

6° *Adjonction au schlouss sibérien de sluices américains au mercure.* — Une série de boîtes du type américain, de longueur suffisante, permettrait de recueillir l'or fin qui échappe aux tables sibériennes.

7° *Adaptation graduelle des méthodes d'extraction et de lavage expérimentées dans les autres contrées aurifères.*

8° **Direction de travaux exclusivement confiée à des techniciens éprouvés.**

9° *Meilleure gestion économique des exploitations.*

CHAPITRE II

EMPLOI D'APPAREILS MÉCANIQUES POUR L'ABATAGE ET LE TRANSPORT

Les modifications préconisées dans le chapitre précédent sont plutôt des modifications de détail, des questions d'administration et de direction.

Mais il est clair que si l'on veut perfectionner véritablement le travail des sables aurifères, augmenter la production d'or en augmentant la quantité de sable lavé, et se mettre en état de traiter à profit des gisements de teneur plus basse, il faut se tourner du côté de l'emploi des moyens mécaniques, et adopter les formules de travail modernes et scientifiques, qui permettent de n'avoir besoin que d'un petit nombre d'hommes, de se passer de chevaux et de donner à l'exploitation une intensité qu'on ne peut atteindre avec la main-d'œuvre humaine.

J'ai montré que les dépenses nettes du traitement des sables, abstraction faite des frais généraux et des frais de direction, pouvaient s'établir comme suit :

	En roubles par sagène cube.	En francs par mètre cube.
Enlèvement du torf	3,29	0,91
Extraction du sable et transport à la machine	5,29	1,47
Lavage	1,12	0,31
Enlèvement des refus	1,23	0,34
	10,93	3,03

Les salaires et la nourriture des hommes, l'entretien des chevaux forment les trois quarts de ce total ; si l'on considère que non seulement les hommes sont chers, mais encore qu'il faut, pour chaque campagne, les faire venir d'une grande distance, — pour les placers de l'Amgoune, par exemple, Blagoviestchensk est à 2 500 verstes des priiski, par eau, — et qu'on ne peut, au cours d'une campagne, en augmenter le nombre à volonté ; si l'on remarque le nombre d'employés de toute sorte que l'on doit avoir (comptables, surveillants, magasiniers, etc.), proportionnel au nombre d'ouvriers proprement dits ; enfin, si l'on observe que les chevaux, venus d'Irkoutsk, sont d'un prix élevé (rendus à la mine ils reviennent en moyenne à 170 roubles), que leur nourriture est difficile à se procurer et d'une mauvaise qualité, que le déchet (15 p. 100) est considérable, on voit que les deux grandes réformes à introduire sont : suppression totale des chevaux dans les travaux des priiski, substitution de machines à la main-d'œuvre humaine.

Et comme, au moins tant que l'on ne s'attaquera pas à des sables contenant de l'or très fin (*or flottant*), la machine de lavage sibérienne donne de bons résultats au point de vue de la proportion d'or retirée, la question se réduit aux points suivants :

1° Enlèvement mécanique du torf ou stérile ;

2° Extraction mécanique du gravier aurifère ;

3° Transport automatique du gravier jusqu'à la machine ;

4° Transport automatique des refus depuis la machine jusqu'aux haldes.

Pour atteindre ces différents résultats, il faut adapter aux placers de Sibérie les méthodes inventées aux États-Unis, et qui ont eu pour origine les mêmes raisons qu'en Sibérie : éloignement des centres d'approvisionnement, cherté de la main-d'œuvre. Nous disons adapter et non transplanter, car les conditions locales exigent toujours des modifications de détail dans des appareils ou des systèmes identiques en principe, et l'on courrait au-devant d'un échec en introduisant brutalement, pour les alluvions de Sibérie, des machines qui peuvent avoir fait leur preuve en Australie ou en Amérique.

a) Sans contredit, le procédé le plus simple pour le lavage des sables, et celui qui permet d'en traiter les quantités les plus considérables, est celui que l'on a désigné sous le nom de *méthode hydraulique*, dans lequel un volume d'eau, puissant, lancé par un ajutage, sous une forte pression, contre un banc de gravier, désagrège celui-ci et, entraînant toute la masse dans les sluices à mercure, y dépose l'or ; mais, pour employer cette méthode, deux éléments sont absolument indispensables, la pression et une pente suffisante pour permettre l'écoulement du volume énorme d'eau et de gravier qui passent dans le sluice.

Or ces deux conditions font défaut dans la plupart des gîtes d'alluvion de la Sibérie : en général, on ne peut pas obtenir une pression de plus de 50 à 60 pieds (sans faire de barrages ou de digues dispendieuses), et même, en admettant qu'on puisse détourner les ruisseaux voisins et qu'on les amenât de plusieurs verstes de distance sur le lieu du travail, le fait resterait que la pente des vallées est absolument insuffisante pour l'écoulement des déblais et le creusement du « ground-sluice ». Cette pente est en moyenne de 1 1/4 à 2 p. 100, et on calcule en Californie et en Colombie britannique qu'elle doit varier entre 8 et 12 p. 100. Il est vrai qu'on peut remédier à cela : 1° par l'emploi de pompes qui donneraient à l'eau une pression artificielle[1] ; 2° par l'emploi des appareils

---

1. Ce procédé a déjà été appliqué dans l'arrondissement minier de Bogoslovsk (Oural septentrional), où le priisk *Arkhangelskii* est exploité par la méthode hydraulique, la pression étant fournie par des pompes Worthington.

dits « élévateurs hydrauliques », qui rejetteraient en dehors du *razrez*, et permettraient de conduire et de déposer ailleurs les sables lavés. Mais le matériel devient plus coûteux d'abord, d'une manipulation plus difficile ensuite, et les frais d'exploitation s'accroissent de tout le combustible qu'il faut employer pour la mise en marche des pompes et des élévateurs.

Je citerai néanmoins le projet qui m'a été transmis par une maison de San-Francisco, les *Josuah Hendy Iron Works*.

Ce projet suppose que l'épaisseur totale des alluvions, torf et plast, soit de 30 pieds (9 mètres environ). On admet que la pression nécessaire au fonctionnement des ajutages pourrait être de 80 à 100 pieds (24 à 30 mètres), et qu'on l'obtiendrait en amenant l'eau dans des canaux et aqueducs rigoureusement calculés pour éviter toute perte de pression.

L'eau et les sables désagrégés qu'elle entraîne dans une tranchée creusée dans le *bed-rock* vont s'accumuler dans une sorte de fosse où est installé l'élévateur hydraulique ou aspirateur, qui les rejette dans un sluice du type ordinaire américain, avec rifles formés de blocs de bois, de cailloux durs ou de vieux rails d'acier; ce sluice comprend l'emploi de mercure pour amalgamer l'or; sa longueur et sa pente seraient à étudier suivant la nature du gravier.

Après passage dans le sluice, les sables sont dirigés

dans le cours d'eau qui traverse la vallée. Notons que c'est ici que se dresse l'objection insurmontable : la plupart des vallées sibériennes n'ont pas une pente assez forte, et le courant des rivières n'est pas assez puissant pour rouler la masse de sable et de cailloux à laquelle on aurait affaire : ce serait l'ensablement et l'endiguement à bref délai.

Quoi qu'il en soit, le devis en question prévoit l'établissement de quatre chaudières de 45 chevaux chacune, actionnant une pompe de 175 chevaux, capable de refouler dans l'aspirateur 3 000 gallons d'eau et d'élever le gravier à 30 pieds. Un semblable aspirateur ou élévateur pourrait, en vingt-quatre heures, faire monter du *bed-rock* dans le sluice un cube de gravier de 150 sagènes cubes environ.

Les deux photographies ci-jointes se rapportent à une installation de ce genre, dans laquelle est employé l'élévateur hydraulique. La première représente les ajutages ; la seconde, le ground sluice et l'élévateur.

b) Dans un autre ordre d'idées, on peut employer à l'abatage du gravier, que l'on devrait laver en bloc, sans faire la distinction entre plast et torf, toutes les fois que l'épaisseur de celui-ci n'est pas trop forte, un *excavateur*.

La maison *Fraser and Chalmers*, de Chicago, propose la disposition suivante.

Un excavateur de taille moyenne, — godet de $1^{m3} 3/4$, — roule sur rails devant le front d'abatage ; le sable est porté dans des wagonnets remorqués par un

XI. — Abatage des graviers aurifères par la *méthode hydraulique* (Californie).

XII. — Élévateur hydraulique pour remonter et emporter les *tailings* (Californie).

câble sans fin, ancré à un endroit favorable, jusqu'à un réservoir situé au pied de la machine de lavage. Une chaîne à godets élève le gravier jusqu'au trommel; à la partie inférieure du schlouss, les sables lavés sont repris par une autre chaîne à godets, qui les déverse dans un sluice les emmenant dans un endroit convenable.

L'inconvénient d'un pareil système, c'est que le front de taille changeant quotidiennement, il faudrait de nombreux changements dans la voie portative unissant l'excavateur au va-et-vient fixe établi pour les wagonnets. La planche VII (fig. 7 et 8) donne l'avant-projet d'une pareille installation.

c) Une autre installation, qui a été essayée avec succès, dit-on, aux États-Unis, mais sur laquelle nous manquons de renseignements exacts, consiste à faire porter sur un unique chariot ou sur deux chariots parallèles, l'excavateur et l'appareil de lavage. Nous en donnons également un croquis planche VII (fig. 1, 2, 3) avec une variante dans la fig. 6.

Somme toute, la question se résume dans une manipulation rapide et économique d'une grande quantité de matériaux, et c'est à un constructeur d'appareils d'excation et de dragage qu'il faut s'adresser, plutôt qu'à un praticien pour l'extraction de l'or. Manier le sable avec un minimum d'efforts et le faire passer dans un sluice de lavage, tout le problème est là. Le poser, c'est en provoquer la solution prochaine. Puisque le pays possède l'eau et le bois, éléments indispensables de tout travail de ce genre, il n'y a qu'à chercher l'appareil.

Mais les changements doivent être faits graduellement, par des hommes compétents, ayant étudié la question sur place. Comme nous l'avons déjà remarqué, introduire en Sibérie, sans tenir compte des conditions locales, des méthodes ayant fait leurs preuves ailleurs, c'est courir au-devant d'un insuccès, c'est provoquer les doutes, le scepticisme des exploitants, c'est retarder de plusieurs années le progrès réel. De plus, il faut envisager la question avec une grande largeur de vues et ne pas généraliser les conclusions : dans telle partie de la Sibérie, le lavage hydraulique pourra s'appliquer; dans telle autre, les dragues, qui ont donné de si bons résultats en Nouvelle-Zélande, seront le meilleur appareil de lavage; dans d'autres, enfin, une combinaison d'excavateurs avec des transporteurs automatiques seront la solution du problème.

L'important est d'attirer sur ce pays et ses ressources minières l'attention des hommes du métier ainsi que celle des capitalistes : grâce aux efforts du Gouvernement Impérial, grâce à la construction du Grand Transasiatique, grâce au mouvement de colonisation qui est de plus en plus marqué, le moment n'est pas éloigné où la Sibérie deviendra une des contrées les plus productives du monde en métaux de toute espèce, et surtout en or.

APPENDICES

TABLEAU II bis. — Statistique de la production de la

CIRCONSCRIPTIONS MINIÈRES	ALLUVIONS					NOMBRE D'OUVRIERS EMPLOYÉS	NOMBRE DE CONCESSIONS EXPLOITÉES
	QUANTITÉ D'OR EXTRAITE		TENEUR MOYENNE AUX 100 POUDS				
	Pouds	Livres	Zolotniks	Dolis			
I. — Finlande.							
Laponie	—	16	—	72 1/2		51	1
II. — Oural.							
Oural du Nord	336	9	—	14 1/2		17 579	383
Oural du Sud	157	24	—	25 1/2		13 545	357
	493	33	—	—		31 124	740
III. — Direction des Mines de Tomsk.							
Tobolsk-Akmolinsk	1	39	—	20		129	14
Sémipalatinsk-Sémiretschensk	28	22	—	14 1/10		4 454	71
Tomsk	130	33	—	30 3/4		3 733	181
Iénisséi septentrional	80	7	—	25 3/4		3 602	122
Iénisséi méridional	129	18	..	24 3/4		5 621	177
Atchinsk-Minoussinsk	58	1	—	22 3/4		3 081	112
	429	—	—	—		20 920	677
IV. — Direction des Mines d'Irkoutsk.							
Primorskoï	119	10	1	78		956	7
Amour	409	21	—	95		4 669	119
Est-Transbaïkalie	220	19	—	47 1/4		5 434	83
Ouest-Transbaïkalie	45	—	—	56 9/10		2 538	104
Léna	694	13	2	4 3/4		7 905	99
Biriouzinsk	33	9	—	27		1 764	34
	1 521	32	—	—		23 286	446
Grand Total	2 445	1	—	55 1/8		75 381	1864

r l'année industrielle 1894, par circonscriptions Minières.

ES FILONIENS			TOTAL						COUT PAR AN de L'OUVRIER	NOMBRE DE SOCIÉTÉS d'exploitation	
SEUR MOYENNE aux 100 POUDS	NOMBRE D'OUVRIERS EMPLOYÉS	NOMBRE DE CONCESSIONS EXPLOITÉES	QUANTITÉ D'OR EXTRAITE		TENEUR MOYENNE aux 100 POUDS		NOMBRE D'OUVRIERS EMPLOYÉS	NOMBRE DE CONCESSIONS EMPLOYÉES		Raisons sociales (firmes)	Compagnies
Dolis			Pouds	Livres	Zolotniks	Dolis			Roubles.		
—	—	—	—	16	—	72 1/2	51	1	—	—	1
18 3/4	1 469	14	360	38	—	44	19 018	397	300	36	14
1/2	7 181	111	288	3	—	60 1/3	20 726	473		17	15
—	8 650	130	649	1	—	50 1/4	39 774	870	—	53	29
—	—	—	1	39	—	20	429	14	250	—	—
—	—	—	28	22	—	14 1/10	4 454	70	250	6	—
15 3/4	151	3	140	7	—	32 3/4	3 883	184	400	7	6
—	—	—	80	7	—	25 3/4	3 602	122	500	7	8
—	—	—	129	18	—	24 3/4	5 621	177	400	12	10
—	—	—	58	1	—	22 3/4	3 081	112	350	6	4
15 3/4	151	3	438	14	—	—	21 071	680	—	38	28
—	—	—	119	10	1	78	956	7	1 300	1	6
—	—	—	409	21	—	95	4 669	119	1 300	6	32
15 1/2	334	2	232	21	—	48 3/4	5 788	85	600	2	7
—	—	—	45	—	—	56 9/10	2 538	104	700	2	4
—	—	—	694	13	2	4 3/4	7 905	99	1 700	3	7
—	—	—	33	9	—	27	1 764	34	500	1	4
15 1/2	334	2	1 533	34	—	—	23 620	448	—	15	60
45	9 135	135	2 621	25	—	58	84 516	1 999	—	106	118

TABLEAU I. — Production de l'or en Russie depuis 1...

DIVISIONS ADMINISTRATIVES	DEPUIS LA DÉCOUVERTE DE L'OR JUSQU'EN 1894 INCLUS			DEPUIS LA DÉCOU... DE L'OR JUSQU'EN 1868 IN...	
	Années d'exploitation.	OR RETIRÉ		Années d'exploitation.	OR RE...
		Pouds.	Livres.		Pouds.
I. — Finlande.					
Laponie.	24	23	23	—	—
II. — Oural.					
Oural du Nord	141	20 133	8	115	12 328
Oural du Sud	73	10 126	15	47	4 188
		30 259	23		16 517
III. — Sibérie occidentale.					
Arrondissement de Mariinsk	66	2 751	25	40	1 688
— de l'Altaï	65	3 764	14	39	1 340
Steppe Kirghize	65	460	25	9	71
		6 976	24		3 099
IV. — Sibérie orientale.					
Arrondissement d'Atchinsk-Minoussink	61	3 218	19	35	1 837
— d'Iénisséi	61	27 357	20	35	20 112
— de Krasnoïarsk	27	77	4	1	—
— de Kansk et de Nijnéoudinsk	61	38	35	—	—
— d'Irkoutsk, de Verkholensk et de Kirensk	56	76	19	30	19
— de Verkhnéoudinsk et de Troïtzkosafsk	46	595	23	20	109
— de Bargouzinsk	11	1 935	29	15	969
— de Nertchinsk, Aktchinsk et Tchita	63	9 342	—	37	2 417
Système de Biriouzinsk	61	2 288	23	35	1 677
Arrondissement de l'Olekma	46	20 017	6	20	3 046
Province de l'Amour	27	7 220	1	1	50
Province Maritime (ou de Primorskoï)	24	461	39	—	—
		72 629	18		30 538
Grand Total		109 889	8		50 155
1		2	3	4	5

Remarques. — 1° Pour l'année 1895, les chiffres donnés couvrent l'année *civile*, qui pour beaucoup de l'année industrielle.
2° La production des arrondissements de Kansk et de Nijnéoudinsk est comprise dans celle du système de Biriou...

(1) D'après des documents officiels.

au 1ᵉʳ janvier 1896, par divisions administratives (1).

1869 A 1894 INCLUS (26 années).		DE 1885 A 1894 INCLUS (10 années).		DE 1890 A 1894 INCLUS (5 années).		1894		1895	
OR RETIRÉ		OR RETIRÉ		OR RETIRÉ		OR RETIRÉ		OR RETIRÉ	
Pouds.	Livres.	Pouds.	Livres.	Pouds.	Livres.	Pouds.	Livres.	Pouds.	Livres.
	23	5	25	2	13		16		10
03	31	3 789	4	2 017	29	360	38	306	36
37	17	2 711	7	1 464	25	288	3	287	16
42	11	6 530	11	3 482	14	649	1	594	12
63	19	351	39	167	33	31	31	129	28
24	2	1 042	29	570	33	108	16		
89	12	206	17	117	33	30	21	31	37
76	33	1 601	5	856	9	170	28	161	25
81	16	333	5	303	—	38	1	39	18
15	13	2 120	22	1 014	26	204	33	188	09
77	3	21	22	6	18	1	6		
38	35	38	35	34	30	6	26		
57	9	19	33	36	8	8	22		
86	11	37	21	28	12	6	20	242	05
66	8	320	7	176	13	38	21		
24	32	1 915	—	1 080	4	232	21		
11	23	232	19	113	19	26	20	21	35
00	8	5 588	27	3 171	35	692	19	720	38
69	30	3 977	12	2 138	12	409	20	430	31
64	39	310	4	233	11	119	10	82	38
90	30	15 197	11	8 386	28	1 801	20	1 746	14
33	17	23 334	12	12 727	24	2 621	25	2 502	21

tation ne coïncide pas avec l'année industrielle. Pour les autres années, les chiffres donnés se rapportent à années qui s'écoulent entre la découverte de l'or et 1868.

TABLEAU 1bis. — **Production de l'or en Russie, depuis**

CIRCONSCRIPTIONS MINIÈRES	DEPUIS LA DÉCOUVERTE DE L'OR JUSQU'EN 1891 INCLUS			DEPUIS LA DÉCOU DE L'OR JUSQU'EN 1868 INCL		
	Années d'exploitation.	OR RETIRÉ		Années d'exploitation.	OR RETI	
		Pouds.	Livres.		Pouds.	
I. — Finlande.						
Laponie	24	23	23	—	—	
II. — Oural.						
Oural du Nord	144	20 133	8	115	12 328	
Oural du Sud	73	10 126	15	47	4 188	
	—	30 259	23	—	16 517	
III. — Direction des Mines de Tomsk.						
Tobolsk-Akmolinsk	19	71	2	—	—	
Semipalatinsk-Semiretchensk	35	389	23	9	71	
Tomsk	66	6 515	39	40	3 028	
Iénisséi septentional	61	16 423		35	12 757	
Iénisséi méridional	61	11 150	19	35	7 485	
Atchinsk-Minoussinsk	61	3 218	19	35	1 837	
		37 768	22		25 179	
IV. — Direction des Mines d'Irkoutsk.						
Primorskoï	24	461	39	—	—	
Amour	27	7 220	1	1	50	
Est-Transbaïkalie	63	9 342	—	37	2 417	
Ouest-Transbaïkalie	46	2 531	12	20	1 378	
Léna	46	20 039	26	20	3 016	
Biriouzinsk	61	2 242	22	35	1 596	
		44 837	20		8 459	
Grand Total	—	109 889	8	—	50 155	
V. — Cabinet de S. M. I. [1]						
Les mines de l'Altaï	61	1 460	5	38	1 148	
— de Nertchinsk	63	5 097	27	37	2 063	
Total		6 557	32		3 212	

1. La production du cabinet de S. M., mise ici en vedette, entre, dans les totaux généraux des tableaux 1 o

qu'au 1ᵉʳ janvier 1896, par circonscriptions minières.

1869 à 1894 INCLUS (6 années).		DE 1885 à 1694 INCLUS (10 années).		DE 1890 à 1894 INCLUS (5 années).		1894		1895	
OR RETIRÉ		OR RETIRÉ		OR RETIRÉ		OR RETIRÉ		OR RETIRÉ	
Pouds.	Livres.	Pouds.	Livres.	Pouds.	Livres.	Pouds.	Livres.	Pouds.	Livres.
3	23	5	25	2	13	—	16	—	10
1	34	3 789	4	2 017	29	360	38	306	36
7	17	2 741	7	1 464	25	288	3	287	16
2	11	6 530	11	3 482	14	649	1	594	12
1	2	45	31	12	33	1	39	1	35
8	10	160	26	105	—	28	22	30	2
7	24	1 394	28	738	26	140	7	129	28
5	38	814	32	328	21	80	7	67	34
5	13	4 366	12	757	3	129	18	120	15
1	16	555	5	303	—	58	1	59	18
9	20	4 337	14	2 245	3	438	14	409	12
1	39	310	4	253	11	119	10	82	38
9	30	3 977	12	2 138	12	409	20	430	31
4	32	1 945	—	1 080	4	232	21	198	30
2	22	357	31	204	25	45	—	43	15
2	28	5 611	7	3 185	26	694	13	720	38
6	12	259	28	135	36	33	9	21	35
8	3	12 461	2	6 997	34	1 533	34	1 498	27
33	17	23 334	12	12 727	24	2 621	25	2 502	21
1	23	422	13	62	19	15	31	18	30
3	32	954	19	561	33	125	—	118	10
5	15	1 076	32	624	12	140	31	137	—

production des arrondissements de Nertchinsk et de l'Altaï.

NOTES EXPLICATIVES

SUR LES TABLEAUX I ET II

La production de l'or, provenant soit des alluvions, soit des filons, dans le vaste Empire Russe, depuis sa découverte jusqu'en 1896, est résumée dans les deux tableaux précédents.

Parallèlement à la marche naturelle de la nation russe, le développement de l'industrie aurifère s'est avancé de l'ouest à l'est : aussi, dans la première colonne de chacun de ces tableaux, que les quelques explications suivantes serviront à mieux faire comprendre, avons-nous adopté l'ordre géographique des districts producteurs.

Premier tableau. — La seconde des colonnes donne le nombre d'années pendant lesquelles les gisements ont été travaillés depuis la découverte de l'or dans le district. Le plus anciennement exploité est le district de l'Oural du Nord, où l'or fut découvert en 1745, sous le règne de l'impératrice Élisabeth I, par le paysan Erofe Markof, dans les sables de la rivière Berezovka, affluent de la Pichma. Le district le plus récemment ouvert à l'exploitation est la Province Maritime, où, jusqu'à ces dernières

---

1. Les pages suivantes, ainsi que les deux tableaux qu'elles commentent et expliquent, sont la traduction d'une note en russe qui nous a été gracieusement remise par M. St. Littauer, ingénieur au Corps des Mines russe, actuellement au service de la *Société des Mines d'or de la Russie*. R. de B.

années, il était impossible de pénétrer à cause de la cherté des approvisionnements et de la main-d'œuvre.

Dans la troisième colonne se trouve indiquée la quantité d'or produite dans chaque district depuis le moment de la découverte de l'or jusqu'au commencement de 1895. Le grand total de 109 889 pouds d'or est éminemment suggestif, et démontre que la Russie a occupé à bon droit pendant longtemps le troisième rang parmi les pays grands producteurs d'or, — venant après les États-Unis de l'Amérique du Nord et l'Australie. — Dans ces dernières années, cette place a été disputée à la Russie par l'Afrique Australe, qui est redevable de ce rapide succès plus encore à des circonstances purement économiques qu'à la richesse ou à l'étendue de ses gisements.

Les quatrième et cinquième colonnes donnent la production de l'or depuis sa découverte jusqu'à 1868 inclus. J'ai jugé nécessaire de mettre cette période en vedette pour les raisons suivantes : 1° la production des années antérieures à 1868 n'a plus, à notre époque, qu'une signification historique; 2° tous les chiffres se rapportant à cette période ne sont qu'approximativement exacts, des statistiques rigoureuses n'ayant commencé à être recueillies que dans la décade 1860-1870; 3° ce n'est que dans cette même décade que tous les districts aurifères furent ouverts à l'industrie privée; 4° ce n'est qu'à cette même époque qu'il y a eu une tendance marquée vers l'augmentation du nombre des sociétés d'exploitation.

La sixième colonne donne la production de l'or pour les vingt-six dernières années, c'est-à-dire pour un quart de siècle.

Ces vingt-six années ont été une période de grande activité, pendant laquelle la production moyenne annuelle de la Russie a été de 2 297 pouds, dont la Sibérie orientale a fourni 1 619 pouds, ou 70 p. 100. L'on voit donc que pour les deux années 1894 et 1895, l'augmentation de la production totale de la Russie sur cette moyenne a été de 324 et 211 pouds, soit 14 p. 100 et 9 p. 100.

On ne peut guère compter sur un développement plus rapide de notre industrie aurifère, si l'on prend en considération l'éloignement et l'isolement des pays frontières de l'Empire, où, d'une façon générale, se trouve concentrée l'exploitation de l'or.

Pour mieux faire saisir la situation d'ensemble de l'industrie de l'or en Russie, j'ai encore établi deux colonnes, la septième et la huitième, se rapportant aux dernières dix années et cinq années. Par la septième colonne, on voit que la production moyenne annuelle de cette décade a été inférieure de 288 et 275 pouds à celle de 1894 et de 1895, c'est-à-dire que l'augmentation relative pour ces deux dernières années a été de 12 p. 100 et 11 p. 100. Il importe de remarquer que presque toute cette augmentation, 231 et 232 pouds, revient à la Sibérie orientale, dont la production pour cette période représente 65 p. 100 du total ; la part principale dans cette augmentation revient aux Provinces Maritime, de Iakoutsk et de Transbaïkalie.

La huitième colonne, comprenant les chiffres de la production, pour les cinq dernières années, montre qu'en 1894 l'augmentation sur la moyenne de ces cinq dernières années n'a été que de 76 pouds ou 3 p. 100, tandis qu'en 1895 il y a eu une diminution de 36 pouds, moins de 1 p. 100. Toute l'augmentation pour 1894 provient de la Province Maritime et de la Province de Iakoutsk en Sibérie orientale, et pendant les cinq années en question, la Sibérie orientale a fourni 66 p. 100 de la production totale de l'Empire. On doit remarquer que l'augmentation dans la production de ces districts a, en 1894, compensé les diminutions dans la production de l'Oural, de la Sibérie occidentale et de quelques districts de la Sibérie orientale.

Quant à la diminution, en 1895, de 36 pouds sur la production moyenne des cinq années précédentes et de 108 pouds sur 1894, elle est expliquée par le *Rapport du Département des Mines pour 1895*, publication officielle dont nous extrayons ce qui suit :

« Dans l'Oural, il y a une diminution de 54 pouds qui résulte d'une décroissance de production dans tous les arrondissements miniers, à l'exception de celui d'Orembourg. En particulier, dans l'*arrondissement minier de Verkhotoursk* (Oural septentrional), la production de l'or, comparativement à l'année précédente, est en diminution de 31 pouds, ce qui s'explique, en dehors de causes générales, c'est-à-dire l'épuisement des anciens placers et la non-découverte de nouveaux, par ce fait que l'année 1895 a été particulièrement défavorable pour l'industrie de l'or : l'été a été fort pluvieux, et sur plusieurs concessions, les rivières ont débordé à trois reprises et ont inondé les chantiers; on a dû arrêter les travaux pendant plusieurs semaines et congédier les ouvriers, qui rentrèrent dans leurs foyers, de sorte que les exploitants, lorsqu'ils eurent asséché leurs chantiers, souffrirent du manque de main-d'œuvre.

« Dans l'*arrondissement minier d'Est-Ekatérinebourg* (Oural septentrional), la production s'est trouvée en diminution de 19 pouds 1/4, par suite de l'épuisement des placers les plus riches et du manque de main-d'œuvre.

« Dans l'*Oural méridional*, la production s'est élevée à 262 pouds 33 livres, soit 3 pouds 36 livres de plus qu'en 1894. On ne peut pas considérer cette production de l'année comme normale pour cet arrondissement, sur les priiski duquel, en 1893, par exemple, on a retiré plus de 293 pouds d'or. Mais dans les deux dernières années, l'abondance des récoltes dans le Gouvernement d'Orembourg a enlevé une proportion considérable de main-d'œuvre aux mines d'or, qui ont ainsi souffert d'un manque d'ouvriers. Par suite, beaucoup de priiski n'ont pas été travaillés à pleine force et sur quelques-uns on a été forcé de suspendre les travaux.

« Dans l'*arrondissement minier de Tomsk* (arrondissements politiques de Mariinsk et de l'Altaï), la production, comparée à celle de 1894, a été en diminution de 10 pouds 9 livres; ceci vient de plusieurs causes, savoir : l'insuffisance d'eau, par suite de la sécheresse; la désertion d'ouvriers se rendant sur les chantiers du chemin de fer en construction ; l'épuisement des alluvions dans quelques parties du district et enfin la diminution dans le nombre total des ouvriers employés sur les priiski; le nombre des ouvriers a été de plus de 700 inférieur à celui que l'on comptait l'année précédente. En ce qui concerne les recherches et les découvertes nouvelles, il y a peu à noter en 1895 :

1° Dans l'arrondissement de Mariinsk, sur le système de la rivière Chaltyre-Kojoukh, on a découvert quelques veines avec une teneur très satisfaisante de 11 zolotniks 88 à 1 livre 88 zolotniks aux 100 pouds. Ces veines ont été données à bail à la *Société des Mines d'or de la Russie*.

2° Quelques veines pauvres ont été découvertes sur les collines situées entre les rivières Chaltyre-Kojoukh et Boulevska.

3° Dans l'arrondissement de l'Altaï, on a découvert des veines auro-argentifères contenant, aux 100 pouds, de 15 à 28 zolotniks d'argent et de 0,7 à 1 zolotnik d'or.

« Dans l'*arrondissement de l'Iénisséi septentrional*, la production a diminué de 12 pouds 13 livres. — Les causes principales pour lesquelles la production de l'or, dans cet arrondissement, non seulement n'augmente pas, mais encore diminue d'année en année, peuvent se résumer comme suit :

1° La diminution croissante dans la teneur des placers exploités et le manque de nouvelles découvertes encourageantes, ce qui vient autant de l'absence des ressources pécuniaires pour recherches, chez la plupart des exploitants, que du manque d'entreprise, chez quelques-uns d'entre eux ; 2° le prix élevé des fermages de concessions, qui contraint les travailleurs à bail des priiski (ceux-ci forment les trois quarts de l'effectif des exploitants) à laisser de côté les alluvions éloignées des centres et à se refuser à l'exploitation d'alluvions trop pauvres ; 3° le caractère primitif de moyens employés à l'extraction de l'or et la quantité de fautes techniques commises dans l'exploitation, ce qui provient de l'absence totale de connaissances spéciales chez les personnes qui se livrent à l'industrie aurifère ; et 4° l'insuffisance des voies de communication qui influe fortement sur le coût des transports aux priiski et rend indispensable de s'approvisionner de tous les matériaux nécessaires et de toutes les provisions bien avant le commencement des travaux et même au cours de l'année précédente, c'est-à-dire de débourser à l'avance des sommes très importantes.

« Dans l'*arrondissement minier de l'Iénisséi méridional*, la situation de l'industrie aurifère en 1895 a été plus mauvaise que l'année précédente. La cause principale de cette situation a été le nombre considérable d'ouvriers qui ne se sont pas présentés sur les priiski ou qui les ont quittés, et aussi la grande disette d'eau par suite d'une sécheresse générale. — Dans plusieurs priiski situés près de la source des rivières ou des ruisseaux, l'exploitation des sables n'a pu se faire que pendant deux mois, et il en est résulté un déficit considérable dans l'or lavé, bien que la teneur de sables traités fût très élevée.

« Les non-venues et les évasions d'ouvriers, en bouleversant les prévisions et les devis des exploitants, ont aggravé leur situation peu enviable et ont causé la ruine de beaucoup d'entre eux. Puis, les difficultés inséparables de l'exploitation des priiski n'ont jamais pris un caractère aussi intense qu'en 1895, car la plupart des créanciers, n'ayant pas recouvré les sommes qui leur étaient dues, ont refusé catégoriquement de faire d'autres avances de fonds pour le soutien des affaires. En même temps, la récolte du blé, qui fut médiocre dans les arrondissements de Kansk et de Minoussinsk et le besoin considérable qu'on avait de céréales sur les chantiers de construction du chemin de fer Central-Sibérien, ont fait monter de près du double le prix de cette denrée, prix qu'il était impossible d'accepter pour la marche d'une campagne calculée primitivement sur des frais moins élevés. Un grand nombre d'exploitants conduisant leurs affaires à crédit, et ayant déjà souffert des pertes en 1894, les uns abandonnèrent totalement leurs affaires, les autres, en se plaçant dans des conditions pénibles, réduisirent le nombre de leurs ouvriers.

« La situation très difficile de l'industrie de l'or dans l'arrondissement minier de l'Iénisséi méridional s'explique, en outre, par cette circonstance que de 162 priiski travaillés pendant cette année, 30 seulement (avec une production totale de 26 pouds 5 livres) ont été travaillés par les propriétaires; les 132 autres priiski, qui ont donné 94 pouds 11 livres, étaient entre les mains de fermiers. Si l'on prend en considération l'intérêt de l'argent pour la conduite d'une affaire à crédit (de 15 à 40 p. 100), l'impôt prélevé par le gouvernement et la somme moyenne de 350 demi-impériales payée par poud d'or brut en lingots, on comprendra dans quelles conditions désavantageuses s'est effectuée l'exploitation d'un grand nombre de priiski de l'arrondissement minier de l'Iénisséi méridional. De plus, il faut remarquer que la proportion dans laquelle l'or est volé augmente en raison de ces conditions défavorables, parce que l'exploitant à bail n'exploite que les parties les plus riches des priiski et qu'il est alors plus facile pour l'ouvrier de dissimuler l'or en gros fragments qu'il rencontre.

« Dans l'*arrondissement minier d'Atchinsk-Minoussinsk*, en comparaison avec l'année précédente, la production a augmenté de 1 poud 17 livres, mais cette augmentation provient exclusivement des priiski situés dans l'arrondissement d'Atchinsk; dans l'arrondissement de Minoussinsk et l'arrondissement frontière d'Oussinsk, la production a été inférieure à celle de l'année précédente par suite d'une diminution dans la teneur en or des sables travaillés.

« Comparativement avec l'année précédente, la quantité totale d'or produit dans la *province minière d'Irkoutsk* a été en diminution de 119 pouds 4 livres, c'est-à-dire de 4,56 p. 100, mais il faut remarquer l'augmentation de la production dans l'arrondissement de l'Amour, — 21 pouds 11 livres, — et dans celui de la Léna, — 26 pouds 25 livres ; — tous les autres arrondissements sont en perte sur 1894, — ensemble 71 pouds 9 livres.

« L'augmentation accusée provient, pour l'arrondissement minier de l'Amour, du plus grand nombre de priiski exploités, 26 de plus qu'en 1894 ; et pour celui de la Léna, de l'exploitation, sur les concessions de la « Compagnie d'Exploitation » (*Kompania promychlennosti*), au mois de novembre et de décembre, de sables aurifères par le moyen de lavages à l'eau chaude, qu'on n'employait pas auparavant, ce qui obligeait d'arrêter les travaux au 10 septembre. Dans les autres arrondissements, la diminution s'explique de la façon suivante : dans l'*arrondissement Maritime*, par l'abaissement de la teneur des sables lavés ; dans celui de *Biriouzinsk*, par les conditions climatériques défavorables en été et par le manque de main-d'œuvre, causé par la non-venue sur les priiski et la fuite de 200 hommes ; enfin dans les *arrondissements miniers de Transbaïkalie*, par un été mauvais, amenant dans plusieurs priiki de l'arrondissement minier d'Est-Transbaïkalie des inondations submergeant les travaux. Parmi les causes qui se sont encore opposées, en Transbaïkalie, à une bonne production de l'or, il faut citer : d'abord la mobilisation de l'armée, qui a eu lieu en même temps que commençaient les travaux de mines et qui a enlevé aux exploitants un nombre considérable d'ouvriers, d'employés subalternes et de Cosaques ; puis la construction du chemin de fer sibérien, sur les chantiers duquel les ouvriers se rendaient de leur propre gré, abandonnant aux priiski leurs livrets et emportant avec eux les avances reçues sur leurs salaires. »

La situation de l'industrie des mines d'or dans la Province de l'Amour pour les sept dernières années est résumée dans le tableau suivant :

ANNÉES	NOMBRE DE PRIISKI travaillés.	QUANTITÉ EN POUDS de sables lavés.	OR BRUT RETIRÉ DES SABLES		TENEUR MOYENNE DES SABLES AUX 100 POUDS	
			Pouds.	Livres.	Zolotniks.	Dolis.
1889	34	83 584 200	458	19	2	10
1890	45	114 584 770	488	6	1	61
1891	49	114 168 700	427	23	1	37
1892	61	129 129 650	428	17	1	25
1893	81	161 708 325	434	5	1	6
1894	112	158 618 925	409	21	—	95
1895	142	160 136 800	434	10	1	3 1/2

Ce tableau permet de constater, entre autres choses, que bien que la production des mines de la Province de l'Amour soit en augmentation pour l'année 1895, si on la compare à l'année précédente, elle est cependant inférieure à la moyenne annuelle des six années précédentes — 441 pouds — et que le nombre moyen des priiski travaillés pendant ces six années (64) est bien inférieur à celui des priiski travaillés en 1895 — plus de deux fois moins — c'est-à-dire que la production de chaque priiski individuellement a diminué de plus de moitié. Cet appauvrissement relatif des sables de la Province de l'Amour est confirmé dans la colonne suivante du tableau qui donne la teneur moyenne. L'accroissement du nombre des mines en exploitation s'explique par le développement de la petite industrie, qui travaille les alluvions par le système des *zolotnitchniki*, système vers lequel se tournent aussi maintenant les grandes compagnies, qui ne trouvent pas lucratif d'établir une exploitation directe sur des priiski déjà appauvris par des travaux antérieurs. La moitié des ouvriers employés sur les priiski de la Province de l'Amour se compose de Chinois et de Coréens, ce qui montre l'appauvrissement de ces alluvions, puisque leur exploitation par des ouvriers russes est reconnue désavantageuse. On n'a pas fait dans la Province de l'Amour d'importantes découvertes, bien que l'on ait reçu un grand nombre de demandes de concessions, mais ces demandes, à peu d'exceptions près, ne promettent rien de sérieux : on n'a trouvé d'or riche que dans trois *plostchads* dans le bassin du cours supérieur de la rivière Sélemdja; les autres concessions déclarées l'ont été au hasard, comme c'est généralement le cas au voisinage de nouvelles découvertes riches.

Tous les sables aurifères des districts dépendant de la Direction des Mines d'Irkoutsk sont exploités, partout où cela est possible, à ciel ouvert, à l'exception de quelques mines de l'arrondissement minier d'Est-Transbaïkalie, du plus grand nombre des gisements de l'arrondissement de la Léna, dans lesquels on extrait l'or par des travaux souterrains, et du priiski *Osnovatelnui*, dans l'île d'Askolde, arrondissement minier de Primorskoï, où les travaux souterrains sont indispensables, à cause de l'épaisseur du torf.

En outre, dans l'arrondissement d'Est-Transbaïkalie, il y a trois exploitations de filons appartenant à la *Société du Transbaïkal*, dans lesquelles on exploite des minerais qui ont donné en 1895 12 pouds 10 livres 11 d'or.

Tableau II. — Dans ce tableau sont groupés les renseignements statistiques concernant l'année 1894.

LES GISEMENTS AURIFÈRES DE SIBÉRIE.

	NOMBRES D'OUVRIERS AUX MINES			QUANTITÉ D'OR PRODUITE									ZOLOTNIKS PRODUITS PAR OUVRIER				TENEUR MOYENNE AUX 100 POUDS DE SABLE		
	1890	1891	1892	1890 Pouds.	1890 Livres.	1891 Pouds.	1891 Livres.	1892 Pouds.	1892 Livres.				1890	1891	1892	Moyenne	1890 Dolis.	1891 Dolis.	1892 Dolis.
Oural.																			
Gouvernement de Perm	22 386	21 424	25 999	344 05		338 19		383 17					53	56	57	55	44	43 1/4	42 2/3
— d'Orenbourg	9 510	12 463	11 068	93 17		417 35		440 27					38	45	38	40	40	41	35 2/3
Sibérie occidentale.																			
Arrondissement de Mariinsk	1 890	1 858	840	33 25		31 34		32 29					68	65	119	94	25 1/2	24	22 3/5
Steppes Khirgizes	3 691	3 489	3 264	46 14		49 32		23 18					49	24	27	23	44 1/2	14 2/3	15 1/6
Sibérie orientale.																			
Arrondissement d'Atchinsk	1 064	952	984	21 24		25 38		23 31					78	104	92	91	22 1/2	33 9/10	25 9/10
— de Minoussinsk	1 242	1 474	1 416	28 8		29 6		34 18					88	95	93	92	29	39	34 7/10
— de Krasnoïarsk (3 mines)	85	71	82	1 14		1 8		4 12					61	65	60	62	41 1/2	31 2/5	29 4/5
— de l'Iénisséi septentrional	4 483	3 256	3 700	88 36		77 4		88 —					81	91	91	88	31 1/4	31 5/6	30 3/5
— de l'Iénisséi méridional	4 430	4 108	4 874	122 29		177 1		116 32					106	102	92	100	28 1/2	30 9/7	25 1/2
— de Kansk et Nijneudinsk	1 076	1 050	1 044	24 33		25 30		32 18					89	87	118	98	28	29	25 9/10
— de Verkholensk (1 priisk)	53	53	57	1 29		2 35		4 32					120	201	323	216	91	134	180
— de Kirensk (3 priiski)	65	65	135	2 30		4 38		3 37					162	290	112	188	247 1/2	273	126
— d'Olekma	6 464	6 772	7 684	575 34		565 27		657 13					342	369	328	3 46	229 1/2	204	239
Arrondissement de Nertchinsk (exploitations privées)	1 109	770	1 200	23 11		22 13		25 26					81	111	82	91	39 1/2	29	33
Arrondissement de Tchita	637	553	669	17 19		17 20		20 32					102	121	119	114	37	35 1/4	34
— d'Akchinsk	737	792	778	26 28		20 22		20 8					139	108	99	115	51 1/2	44 1/2	40 1/2
— de l'Amour	2 727	3 400	4 810	485 26		427 22		423 17					684	483	342	503	156 1/2	133 1/2	121
— de Primorskoï	349	554	401	6 38		10 35		38 21					84	115	369	189	49 3/4	96	107

APPENDICES. 155

L'ordre des districts producteurs d'or est le même que dans le tableau I. Le total de l'or produit durant l'année 1894 est groupé dans les colonnes 10, 11, 12 et 13, et l'on a établi séparément les quantités d'or provenant des sables et des filons, dans le but de montrer quelle proportion ces derniers apportent au chiffre total de la production. En 1894, cette proportion a été de 6,3,4 p. 100. La teneur en or aux 100 pouds de minerai a été de près de cinq fois supérieure à celle des sables, mais la production par ouvrier a été près de deux fois moindre.

Les chiffres donnés dans ce tableau II sont très intéressants à comparer avec ceux de la table de la page 154, extraite d'un travail intitulé : *Remarques explicatives sur un projet d'organisation de l'industrie de l'or et du platine*.

Les chiffres les plus importants de cette table sont ceux de la troisième colonne, — donnant le nombre de zolotniks d'or produits par unité de main-d'œuvre, — parce qu'ils dépendent non seulement de la richesse des sables travaillés, mais aussi de la difficulté du travail, bien qu'ils soient encore subordonnés au degré de perfectionnement technique de l'exploitation (emploi de machines au lieu du travail manuel). Si nous exprimons en chiffres ronds la moyenne de la production de l'ouvrier et celle de la teneur en or des sables, et si nous laissons de côté les districts où l'industrie aurifère n'a pas encore un développement important (tels les arrondissements de Krasnoïarsk, de Kirensk et de Verkholensk, dans chacun desquels il n'y a que de une à cinq mines exploitées), nous obtenons les chiffres suivants :

	Zolotniks produits par ouvrier.	Teneur moyenne des sables.
		Dolis aux 100 pouds
Oural.	46	40
Sibérie occidentale	58	20
Sibérie occidentale, à l'exception des trois districts ci-dessous.	94	30
Province de Transbaïkalie	107	40
Arrondissement d'Olekma	326	210
Province de l'Amour.	503	130

chiffres qui mettent en évidence les variations de teneur en or aux 100 pouds, et les différentes quantités d'or que peut produire par campagne un ouvrier suivant les districts.

La colonne 14 du tableau II donne le *coût de l'ouvrier*, c'est-à-dire l'ensemble de toutes les dépenses, — salaire, entretien des ouvriers, achat de matériel, dépenses de direction, entretien des chevaux, — divisé par le nombre des hommes.

Il va sans dire que les fluctuations de ces chiffres dépendent non seulement du prix de la main-d'œuvre et des approvisionnements à un moment donné, mais encore de la richesse du gravier, de l'épaisseur des torfs relativement à celle du plast aurifère, etc., etc.

Enfin les colonnes 15 et 16 donnent le nombre des Sociétés d'exploitation russes les plus importantes. Il est intéressant de remarquer que, de toutes les entreprises d'exploitation en Russie, il s'en trouvait, en 1894 :

Sur le territoire dépendant de la Direction des Mines de l'Oural, 77, en possession de 351 priiski exploités, et ayant donné 557 pouds d'or ;

Sur le territoire dépendant de la Direction des Mines de Tomsk, 59, qui ont produit 305 pouds 1/2 d'or par l'exploitation de 287 priiski ;

Sur le territoire dépendant de la Direction des Mines d'Irkoutsk, 70, qui ont travaillé 217 priiski, et fourni 1246 pouds 1/2 d'or.

Le *Cabinet de S. M. I.* peut être considéré comme propriétaire de l'une des plus importantes entreprises d'exploitation.

Voici, du reste, la liste des principaux producteurs en 1894 :

Polovtsef	30 pouds	38 livres.
Djalonskaïa Kompania.	34 —	19 —
Frères Podvintzef	40 —	24 —
Compagnie de l'Altaï du Sud. . . .	41 —	31 —
Eltzof et Levachef.	43 —	» —
Société des Mines d'or de Berezof . . .	44 —	32 —
Steinboch-Fermor.	54 —	24 —
Cie des Mines d'or de l'Amgoune . . .	60 —	25 —
— — du Nimane	70 —	11 —

APPENDICES.

Société des Mines d'or de Miass....	74 pouds	11 livres
Cⁱᵉ des Mines d'or de Bodaïbinsk...	85 —	13 —
— — du Haut-Amour..	125 — —	14 —
Compagnie d'Exploitation......	125 —	28 —
Cabinet de S. M. l'Empereur.....	140 —	20 —
Société des Mines d'or de la Léna...	180 —	12 —
Compagnie Riveraine du Vitim....	185 —	3 —

En outre des priiski exploités réellement, toutes les Sociétés possèdent des terrains vierges, ainsi qu'il ressort du tableau suivant :

DIRECTION DES MINES.	NOMBRE TOTAL de PRIISKI.		PRIISKI EXPLOITÉS.		PRIISKI NON EXPLOITÉS.	
	1892	1893	1892	1893	1892	1893
De l'Oural.......	2 087	2 253	793 (38 %)	807 (36 %)	1 294 (62 %)	1 446 (64 %)
De Tomsk.......	2 035	2 138	622 (31 %)	679 (31 %)	1 413 (69 %)	1 459 (69 %)
D'Irkoutsk :						
Arrondᵗ d'Olekma...	384	385	95 (25 %)	95 (25 %)	286 (75 %)	814 (75 %)
Province de l'Amour.	242	258	54 (21 %)	74 (29 %)	195 (79 %)	184 (71 %)
Autres districts....	480	522	135 (28 %)	182 (35 %)	345 (72 %)	340 (65 %)
Total......	1 106	1 165	281 (25 %)	351 (30 %)	825 (75 %)	814 (70 %)

Ce tableau montre que dans l'empire russe, le nombre des concessions non exploitées est, en moyenne, deux fois plus grand que celui des concessions exploitées ; la proportion des priiski inactifs étant de 62 à 79 p. 100 du total. Ceci s'explique par le fait que, en vue d'un travail rapide des priiski, chaque compagnie d'exploitation quelque peu importante doit, pour l'amortissement du capital engagé, se garantir, à un certain degré, pour l'avenir, par des concessions en réserve, afin d'y transporter ses opérations, après avoir travaillé complètement les priiski en exploitation à un moment donné ; et dans des cas très fréquents, particulièrement dans les localités éloignées, il est nécessaire d'acquérir des concessions voisines les unes des autres, tout simplement pour se séparer de voisins objectionnables, qui souvent viennent se placer près de priiski riches avec des intentions qui n'ont rien à voir avec l'industrie de l'extraction de l'or.

158 LES GISEMENTS AURIFÈRES DE SIBÉRIE.

TABLEAU III. — **Production de l'or en Sibérie en 1895.**

ARRONDISSEMENTS MINIERS	NOMBRE DE CONCESSIONS		SABLE TRAVAILLÉ	TENEUR MOYENNE DU SABLE	OR RETIRÉ DES SABLES			
	Non exploitées	Exploitées	Pouds.	Dolis aux 100 pouds.	Pouds.	Livres.	Zolotniks.	Dolis.
Direction des mines de Tomsk.								
Tobolsk-Akmolinsk	49	48	2,667,960	20 38/100	1	34	85	95
Semipalatinsk-Semiretchensk	88	84	88,803,100	12 80/100	30	32	45	18
Tomsk	357	111	125,107,062	32 50/100	128	38	20	26
Iénisséi septentrional	344	129	88,264,370	28 33/100	67	34	45	36
Iénisséi méridional	494	162	162,444,295	27 30/100	120	15	10	24 1/2
Atchinsk-Minoussinsk	249	115	84,161,300	26 05/000	59	17	85	34
Total	1581	649	551,768,087	26 10/100	409	12	70	41 1/2
Direction des mines d'Irkoutsk.								
Primorskoï	100	45			82	37	82	87
Amour	179	138			430	30	78	68
Est-Transbaïkalie	88	68			198	20	40	6
Ouest-Transbaïkalie	124	101			43	45	4	95 1/2
Léna	365	102			720	38	5	12
Biriouzinsk	64	24			21	34	89	28
Total	920	478			1498	17	18	8 1/2

Nota. — Dans ce tableau les chiffres des concessions se rapportent aux priiski appartenant à l'industrie privée ; le chiffre de la production comprend l'or retiré des propriétés du *Cabinet de S. M. I.*

TABLEAU IV. — Production de l'or en Sibérie en 1895.

ARRONDISSEMENTS MINIERS	NOMBRE de déclarations faites (Zaiavkas)	CONCESSIONS ACCORDÉES (Otvods)	ARPENTAGES FAITS et ratifiés	PRIISKI RETOURNÉS AUX DOMAINES — Par abandon	Par suite de non-paiement des impôts	Par suite de déclarations irrégulières	Par non-acceptation dans le délai de deux ans	PRIISKI VENDUS aux enchères — Nombre	MONTANT de ces ventes (Roubles)	PRIISKI POSSÉDÉS par des particuliers — En exploitation	Non exploités	NOMBRE D'OUVRIERS employés sur les priiski des particuliers
Direction des mines de Tomsk.												
Tobolsk-Akmolinsk	7	—	2	—	3			2		18	49	1 583
Semipalatinsk-Semiretchensk	81	40	29	10	3			5		84	88	4 610
Tomsk	66	16	17	20	12			10		141	357	4 544
Iénisséi septentrional	44	12	8	7	6			8		429	344	3 917
Iénisséi méridional	58	14	19	38	13			7		462	494	6 556
Atchinsk-Minoussinsk	85	45	41	6	9			7		115	249	4 985
TOTAL	341	127	116	81	46			38	2 734	649	1 581	26 162
Direction des mines d'Irkoutsk.												
Primorskoï	88	40	37	3	2	2	—	1	1 226	45	100	1 007
Amour	215	79	71	29	7	37	39	16	6 050	138	179	6 000
Est-Transbaïkalie	23	9	12	7	—	7	10	6	203	68	88	3 598
Ouest-Transbaïkalie	93	41	31	10	6	25	8	11	2 434	101	124	940
Léna	145	25	24	40	13	14	15	8	13 372	102	345	7 500
Biriouzinsk	36	12	2	—	1	3	—	2	1 730	24	64	1 398
TOTAL	599	206	175	89	29	88	92	44	25 035	448	900	20 443

TABLEAU V. — **Part de l'Empire Russe dans la production d'or du monde.**

PÉRIODES	PRODUCTION ANNUELLE MOYENNE DU MONDE [1]	PRODUCTION ANNUELLE Moyenne de l'Empire Russe [2]	PART DANS L'ENSEMBLE de la production Russe.
	Kilogrammes.	Kilogrammes.	
1811-1820	11,115	270	2,4 %
1821-1830	14,216	3,416	24,0 %
1831-1840	20,289	7,008	34,5 %
1841-1850	54,759	22,082	40,3 %
1851-1855	199,388	24,936	12,5 %
1856-1860	201,750	26,634	13,2 %
1861-1865	185,057	24,080	13,2 %
1866-1870	195,026	30,179	15,4 %
1871-1875	173,901	34,918	20,0 %
1876-1880	172,414	40,670	23,6 %
1881-1885	152,901	35,469	23,2 %
1886-1890	169,154	36,020	21,3 %
1891-1895	250,759	40,506	16,1 %

1. Les chiffres de ce tableau sont empruntés au Dr Soetbeer et au supplément statistique de l'*Engineering and Mining Journal* de New York. — Ils représentent l'or fin.

2. Ces chiffres se rapportent à l'or brut envoyé aux fonderies d'or. En admettant que les chiffres officiels russes sont de 10 % inférieurs à la quantité *réelle* d'or extrait — par suite du vol de l'or dans les exploitations — et que, d'autre part, le titre moyen de l'or brut est de 900/1000 — nous avons admis les quantités d'or brut comme représentant l'or fin extrait des placers sibériens et ouraliens.

GRAPHIQUE DE LA PRODUCTION DE L'OR EN RUSSIE DEPUIS 1860

Note. — Ce graphique montre l'importance relative de la production de la Sibérie Orientale, en même temps que l'accroissement lent, mais constant, de celle de la région Ouralienne, depuis la mise en valeur des filons aurifères.

Il n'a pas été possible d'établir ce graphique pour les années antérieures à 1859, car, avant cette époque, les statistiques de production, moins soigneusement mises à jour que maintenant, n'établissent pas toujours la part relative de chaque circonscription.

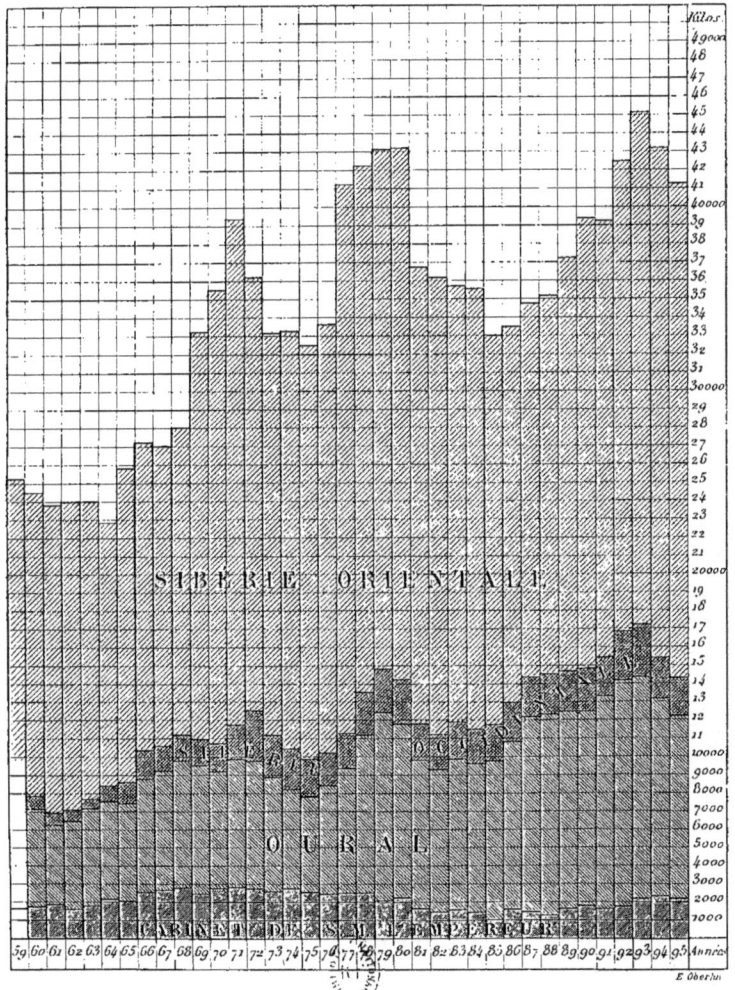

TABLEAU VI. — Mesures russes et leurs équivalents métriques.

Mesures de poids.

1 Berkovetz = 10 pouds = 163^{kg},80.
1 Poud = 40 livres = 16^{kg},37963.
1 Livre (*fount*) = 32 lot = 96 zolotniks = 0^{kg},40949.
1 Lot = 3 zolotniks = 0^{kg},012797.
1 Zolotnik = 96 dolis = 4^{gr},2653.
1 Doli = 44^{mmg} 1/2.

100 Pouds = 1637^{kg},963 = 1, $\frac{880}{1000}$ tonne anglaise de 2000 livres anglaises.

1 Zolotnik = 0,137 once troy.
1 Tonne anglaise = 907 kilogrammes = 55 pouds 31.
1 Once troy = 31^{gr},104 = 7 zol. 29.

Mesures de longueur.

1 Mile russe = 7 verstes = 7^{km},467.
1 Verste = 500 sagènes = 1^{km},06678.
1 Sagène = 3 archines = 7 pieds = 48 verschoks = 2^{m},13356.
1 Archine = 16 verschoks = 0^{m},711187.
1 Pied russe = 1 pied anglais = 12 duims = 0^{m},30479.
1 Verschok = 0^{m},044449.
1 Duim (pouce) = 1 pouce anglais = 12 lignes = 0^{m},0253995.
1 Tchetverte (usité en Sibérie) = 1/4 d'archine = 0^{m},17779.

Mesures de surface.

1 Déciatine = 2400 sagènes carrées = 1^{ha},09252.
1 Sagène carrée = 4^{m2},552,078.

Mesures de capacité.

1 Sagène cube = 27 archines cubes = 343 pieds cubes = 9^{m3},712.
1 Vedro = 12^{lit},29891.

TABLEAU VII. — **Table de concordance des mesures russes, métriques, anglaises et américaines, servant à énoncer la teneur en or pur d'un minerai.**

TENEUR aux 100 POUDS	TENEUR à la TONNE MÉTRIQUE	TENEUR à la TONNE ANGLAISE	TENEUR EN DOLLARS à la tonne américaine.	TENEUR APPROXIMATIVE AU MÈTRE CUBE OU AU YARD CUBE (environ 100 pouds de gravier).	
1 doli.	0 gr. 027 milligr.	0 once troy 00078	$ 0 016	0 gr. 044 milligr.	$ 0 03
2 dolis.	0 055	0 — 00156	0 032	0 089	0 06
3 —	0 082	0 — 00234	0 048	0 132	0 09
4 —	0 109	0 — 00312	0 054	0 178	0 12
5 —	0 136	0 — 00390	0 080	0 222	0 15
6 —	0 163	0 — 00468	0 096	0 266	0 18
7 —	0 190	0 — 00546	0 113	0 312	0 21
8 —	0 217	0 — 00624	0 129	0 356	0 24
9 —	0 244	0 — 00702	0 145	0 405	0 27
1 zolotnik.	2 gr. 604 milligr.	0 once troy 076	$ 1 57	4 gr. 265 milligr.	$ 2 83
2 zolotniks.	5 208	0 — 152	3 14	4 530	5 67
3 —	7 812	0 — 228	4 71	12 795	8 50
4 —	10 416	0 — 304	6 28	17 060	11 32
5 —	13 020	0 — 380	7 85	21 325	14 17
6 —	15 624	0 — 456	9 42	25 590	17 00
7 —	18 221	0 — 532	10 99	29 855	19 84
8 —	20 832	0 — 608	12 56	34 120	22 66
9 —	23 436	0 — 684	14 13	38 385	25 50
13 zolot. 45 1/2 dolis.	31 gr. 28 milligr.	1 once troy	$ 20 67		

100 pouds = 1 637 kilogr. 963.
1 doli = 44 milligrammes 4/10.
1 zolotnik = 4 grammes 265 milligrammes.
1 tonne de 2000 livres = 907 kilogr. 160.
1 once troy = 31 gr. 104 milligrammes.
1 once troy = $ 20.67.
1 gramme d'or fin = $ 0,6646.

GLOSSAIRE

DE QUELQUES TERMES USITÉS DANS L'EXPLOITATION DES PLACERS EN SIBÉRIE

Amerikanka........	Sluice secondaire sur lequel on lave une seconde fois les *concentrés* déjà recueillis sur le *sluice*.
Artiel...........	Association ou équipe d'ouvriers.
Artieltchik.........	Membre d'une artiel.
Botchka..........	Trommel de débourbage dans lequel est jeté le gravier avant son passage sur le *sluice*.
Efeli............	Refus fins du lavage (angl. *tailings*).
Efelchtchik........	Homme chargé de la manipulation des efeli.
Galki...........	Le refus du trommel : le gros gravier que sépare le trommel et qui ne passe pas au lavage sur le *sluice*.
Galetchnik........	Homme chargé de la manipulation des galki
Glinistie slantzi......	Schistes argileux, argyllite.
Il.............	Fin limon qui surmonte le gravier aurifère sous le *torf*.
Izvestniak.........	Calcaire.
Jila............	Veine, filon.
Jilnoe zoloto........	L'or des filons.
Khloritovuie slantzi.....	Schistes chloriteux, chloritoschiste.
Khistchniki........	Orpailleur clandestin.
Koltchedan........	Pyrite de fer.
Kremnii..........	Silicium.

Ligatournoe zoloto	Or brut en lingots, non raffiné (angl. *bullion*).
Liouk	Trémie de déchargement des efeli, galki, etc.
Lioukovii	Homme chargé du fonctionnement du liouk.
Lom	Longue barre à mines (en angl. *crowbar*).
Machina	L'ensemble de l'appareil de lavage sibérien.
Miasnika	Argile cimentant le gravier dans les couches compactes d'un placer.
Markscheider	Le mesureur de mines, géomètre-arpenteur.
Metamorphitcheskie slantzi	Schistes métamorphiques.
Miestorojdenié	Gîte, gisement.
Marganetz	Manganèse.
Miednaïa rouda	Minerai de cuivre.
Okislenni roudi	Minerais oxydés.
Okhristi —	— —
Okislennaïa (okhristaïa) miednaïa rouda	Minerai de cuivre oxydé.
Oprobovania	Titrage de l'or en lingots.
Otval	Haldes (de stériles ou de refus) (en angl. *dump*.).
Otvalnui	Homme préposé à l'otval.
Otvod	Allocation de concession.
Otvodchik	Commissaire d'allocations.
Orta	Tunnel, *adit*.
Ougar	Perte par volatilisation (dans la fusion pour lingots de la poudre d'or).
Partia	Équipe de prospection.
Partionnetz	Prospecteur faisant partie d'une équipe.
Peremouitchka	Petit barrage pour les eaux.
Peski	Sables aurifères du placer, riches ou pauvres.
Plast	Couche payante du gravier : *pay-gravel*.
Pestchanik	Grès : *sandstone*.
Podriatchik	Entrepreneur, soumissionnaire.
Plostchad	Lot non en exploitation, mais concédé par le gouvernement et pour lequel on paye la redevance foncière.

APPENDICES.   165

Platina.	Digue, barrage pour les eaux.
Poïski.	Recherches (ang : *prospections*).
Potchva.	La roche du fond : *bed-rock*.
Proba.	Le titre (de l'or).
Priisk (pl. Priiski).	Mine; terrain minier en exploitation (par opposition avec *plostchad*).
Promyvalschik.	Homme qui lave les concentrés au *vacheguert*.
Razrez.	Taille, front d'attaque, chantier d'abatage.
Razviedki.	Recherches systématiques (*dévelopment work*).
Reschiotki.	Rifles du *schlouss*, éclusettes de la table de lavage.
Roscipi.	Sables : *zolotuia roscipi*, sables aurifères.
Roscipnoe zoloto.	L'or des sables.
Rouda.	Mine, minerai.
Roudnoe zoloto.	L'or des sables.
Retchniki.	Graviers (aurifères ou non).
Rogovoobmankovoe.	Amphibolique.
Rogovoïa obmanka.	Amphibole.
Samorodok.	Pépite (angl. *nugget*).
Schourf.	Puits de recherche, foncé dans le gravier jusqu'au *bed-rock*.
Schlouss.	Table de concentration de l'appareil de lavage (angl. *sluice*).
Schtrek.	Galerie de mine (n'aboutissant pas au jour, par opposition à *orta*).
Schlikovoe zoloto.	L'or brut (en poudre ou en éponge, tel qu'il arrive du placer ou de la mine).
Siera.	Soufre.
Siernistaïa rouda.	Minerai sulfuré : — *miednaia*.
	— de cuivre : — *tzinkovaïa*.
	— de zinc : — *svintzovaia*.
	— de plomb.
Schlak.	Scorie (angl. *slag*).
Slanetz.	Schiste.
Sliouda.	Mica.
Sloudianie slantzi.	Schistes micacés.
Soukhari.	Pain en tranches, séché, qu'emportent les équipes de prospections.

Svinetz.	Plomb.
Tarataïka.	Petite charrette à deux roues, à un cheval, transportant environ 20 pouds (325 kilos environ).
Torf.	Tout ce qui, dans les sables du placer, ne contient pas d'or : le *stérile*.
Toundra.	Terre végétale, humus, formant la couche supérieure du placer.
Trafaretka.	Nom populaire des *reschiotki* ou rifles du *schlouss*.
Talkovuie slantzi.	Schistes talqueux (talcschistes).
Vacheguert.	Table pour le lavage de l'or et son extraction des concentrés et des sables gris ou noirs.
Zaïavka.	Demande de concession (angl. *location*).
Zméievik.	Serpentine.
Znaki.	Traces d'or dans les essais de lavage (en angl. *colors*).
Zoloto.	Or.
Zolotoiskatel	Chercheur d'or, prospecteur.
Zolotopromychlennost. . .	Industrie aurifère.

LE GRAND TRANSSIBÉRIEN

Il est difficile, à l'heure actuelle, de parler de la Sibérie sans dire quelques mots de l'entreprise gigantesque qui rend possibles la colonisation de cette vaste contrée et la mise en valeur de ses ressources naturelles, — entreprise qui, plus que toute autre cause, a contribué à diriger l'attention du monde entier sur les bénéfices que l'industrie et le commerce peuvent escompter dans la Russie d'Asie. C'est du grand Chemin de fer de Sibérie (*Velikaïa Sibirskaïa jelesnaïa doroga*) que nous voulons parler : sa conception et son exécution resteront parmi les plus beaux titres de gloire de S. M. feu l'empereur Alexandre III et de son successeur S. M. l'empereur Nicolas II, ainsi que de leurs ministres des Finances et des Voies de communication, L. L. E. E. M. de Witte et le prince Khilkov, et l'épithète de gigantesque peut être appliquée à bon droit à ce travail, lorsqu'on songe qu'il s'agit de poser une ligne ininterrompue de rails de l'Oural au Pacifique, sur une longueur de plus de 7 000 verstes[1], alors que le *Transcanadien*, de Halifax à Vancouver, n'en compte que 5 860, et que le plus long des transcontinentaux d'Amérique, de New-York à San-Francisco, n'a que 5 250 kilomètres.

Historique. — L'idée n'est pas neuve, du reste, d'établir une voie de communication rapide entre la capitale de l'Empire et les provinces sibériennes, et de nombreux projets témoignent de l'importance que prit cette question dès le moment où, par la conquête du cours de l'Amour et de la péninsule de l'Oussouri, le

---

[1]. La verste vaut 1 066 mètres.

le lieutenant-général Mouraviev donnait à la Russie un port sur le Pacifique. En 1857, l'ingénieur *Doul* propose de construire une voie ferrée à traction par chevaux, depuis Moscou, par Nijni-Novgorod et Perm, jusqu'à un des ports de l'océan Pacifique, tandis qu'un Américain, *Collins*, demande au gouvernement l'autorisation de construire et d'exploiter une ligne allant d'Irkoutsk à Tchita. L'année suivante, on trouve le projet *Sofronov* pour la construction d'un chemin de fer à travers les steppes kirghizes, de Saratov à Sémipalatinsk, puis, de là, se dirigeant sur Minoussinsk, Séléguinsk et Pékin. Plus pratiques, moins dispendieux et plus facilement exécutables étaient le projet de *Kokorev et Cie* (1862), qui avait pour but d'unir le bassin de la Volga à celui de l'Ob par une voie ferrée allant de Perm à Tioumen par Nijné-Taguilsk, et le projet du colonel *Bogdanovitch* (1866), qui proposait de construire un chemin de fer de Sarapoul à Tioumen par Ekaterinebourg, avec extension ultérieure, à l'ouest, sur Nijni-Novgorod, par Kazan, et à l'est, vers l'intérieur de la Sibérie.

Ces solutions mixtes provoquèrent l'étude de plusieurs autres itinéraires employant, concurremment à une voie ferrée, les excellentes voies fluviales qui sillonnent la Sibérie ; et lorsque la situation en Orient et la fin de la guerre russo-turque permit au gouvernement de donner de nouveau son attention à la question du Transsibérien, on s'attacha surtout à l'examen de projets conçus dans cet esprit. Ceux des ingénieurs *Ostrovski* et *Sidensner* furent au nombre des plus remarqués : le premier proposait de se borner d'abord à la construction des trois lignes suivantes : Ekaterinebourg-Tobolsk, entre les deux rivières Kama et Irtyche ; Tomsk-Krasnoïarsk, entre les bassins de l'Ob et de l'Iénisséi ; Omsk-Barnaoul, entre les bassins de l'Ob et de l'Irtyche. Le projet de Sidensner donnait une part encore plus large à l'importance des voies fluviales : d'après cet ingénieur, si l'on avait fait un canal de l'Ob à l'Iénisséi et dégagé les rapides de l'Angara, on aurait ouvert une immense voie fluviale de 5 000 verstes, de Tioumen au lac Baïkal ; à partir de Strétensk, l'Amour redevient navigable pour 3 000 verstes ; quant à la distance qui sépare le

Baïkal de Strétensk, elle n'aurait pas forcément constitué un long portage de 950 verstes, la disposition heureuse de certaines rivières permettant de les utiliser.

De leur côté, les Gouverneurs Généraux de la Sibérie s'associaient à ce mouvement et faisaient, en haut lieu, des démarches pour la construction de voies locales : le baron Korf et le comte Ignatiev demandaient notamment une ligne Tomsk-Irkoutsk et une ligne Baïkal-Stretensk, destinées à réunir les voies fluviales de la Sibérie occidentale à l'Amour et à ses affluents.

Sur ces entrefaites, et tandis que se continuaient les études et les projets, la situation financière de la Russie, grâce à la paix et à l'habile gestion de ses ressources, s'améliorait tellement qu'on entrevoyait de nouveau la possibilité de revenir au projet primitif d'une voie ferrée ininterrompue entre la Russie et l'est de la Sibérie, le seul qui permît de faire communiquer — en tout temps et sans tenir compte des irrégularités et des aléas de la navigation — les deux extrémités de l'empire. On choisit comme point de départ du Grand Transsibérien la bourgade de Tchéliabinsk, à l'extrémité de la ligne transouralienne Samara-Zlatooust, et le 21 février 1891, on décida de commencer les études du tracé définitif de Tchéliabinsk à Tomsk. Peu de temps après, le 17 mars 1891, un rescrit impérial adressé au Tzésarévitch héritier, l'informait, à Vladivostok, à son retour d'un long voyage dans l'extrême Orient, de la décision prise par son Auguste Père. Le Tzésarévitch, maintenant S. M. l'Empereur régnant, déclara l'intérêt qu'il entendait prendre à la grande œuvre qui se commençait et jeta la première pelletée de terre sur le remblai de la future voie. Depuis lors, sous l'impulsion constante du jeune prince et avec l'aide de S. E. M. de Witte, dont le zèle infatigable et le talent aplanirent toutes les difficultés financières de cette grandiose entreprise, les travaux ont marché simultanément, aux deux extrémités de la Sibérie, avec une rapidité surprenante.

Le Comité du Transsibérien. — En raison de l'importance capitale du Transsibérien et de son influence sur la colonisation et le développement industriel de la Sibérie, S. M. feu l'Empereur

Alexandre III institua, le 10 décembre 1892, une commission spéciale sous le nom de *Comité du chemin de fer sibérien*, chargée de diriger et de centraliser les divers départements s'occupant de la ligne et de trancher toutes les questions concernant celle-ci. Ces questions comprennent la colonisation des districts limitrophes de la voie ferrée ; l'encouragement et le développement des industries sibériennes : — exploitation des mines d'or, de fer et de houille, etc. ; — l'organisation d'un réseau complet de services de navigation sur le Baïkal et les fleuves sibériens ; l'étude complète et scientifique de certains districts encore peu connus ; etc., etc. Enfin, dans les attributions du Comité rentre la disposition des fonds considérables affectés à l'entreprise.

Le Comité du Transsibérien se compose des membres suivants : le Président du Comité des ministres, les Ministres des Finances, de l'Intérieur, de l'Agriculture et des Domaines, de la Guerre, des Voies de communication ; le Directeur général du ministère de la Marine ; le Contrôleur de l'Empire. En outre, le Comité peut appeler à siéger dans son sein, à titre consultatif, toutes personnes dont l'avis peut être reconnu utile.

Les décisions du Comité prennent effet par l'intermédiaire des ministres aux départements desquels elles ressortissent.

Par ordre de feu l'Empereur, le poste de Président du Comité fut confié au Tzésarévitch héritier, qui, dans la première séance du 10 février 1893, déclara que l'amour de son pays lui donnerait la force nécessaire pour porter le fardeau d'une responsabilité dont il envisageait toute la grandeur : et la part que prit aux travaux du Comité l'héritier du trône, nommé à 16 ans membre du Conseil de l'Empire et connaissant, pour l'avoir visité, l'immense domaine Sibérien, fut la meilleure garantie d'un prompt et heureux achèvement de cette grande entreprise. Et même, lorsqu'après la mort de son auguste père, l'Empereur Nicolas dut prendre en mains la direction du Gouvernement, il n'a pas voulu abandonner la lointaine Sibérie ni son chemin de fer, et dès les premiers jours de son accession au trône, il a manifesté son intention de conserver la présidence du comité du Transsibérien, et a déclaré que l'achèvement rapide et sans interruption de cette œuvre de paix et de civilisation, commencée par son père, était pour lui non seulement un devoir sacré, mais son vœu le plus vif.

Direction des travaux du Transsibérien. — Au début, la construction du Transsibérien fut confiée au Service des chemins de fer de l'État; mais le Ministre des Voies de communication ne fut pas long à craindre que ce surcroît de travail, imposé à une administration ayant déjà sous son contrôle 11 500 verstes du réseau de l'État (réseau dont l'étendue augmente annuellement par le rachat des lignes privées), n'amenât de la négligence soit dans l'exploitation des voies ferrées de la Russie d'Europe, soit dans la construction même du chemin de fer de Sibérie. — La question, mise à l'étude par le Comité du Transsibérien et la Commission des finances du Conseil de l'Empire, fut résolue par la création, en date du 5 juin 1893, d'une Direction spéciale des travaux du Transsibérien.

Cette Direction, placée sous le contrôle immédiat du Ministre des Voies de communication, doit s'occuper des études et de la continuation de la voie, fournir le matériel roulant, et concentrer toutes les questions techniques ou administratives. C'est à elle qu'il appartient de traiter avec les propriétaires pour les expropriations et de les indemniser; de passer directement, ou par l'intermédiaire des ingénieurs, toutes sortes de contrats, etc.

Elle est composée d'un directeur, de son adjoint, de deux chefs de section, — technique et administrative, — et du représentant du Ministre des Finances, qui, avec le Président, — ou l'un des membres — du Conseil de Direction des Chemins de fer de l'État, constituent le *Conseil de Direction;* on peut y adjoindre, avec les droits de membres ordinaires, les directeurs des départements des chemins de fer et des voies de communication fluviales et terrestres, les représentants du contrôle de l'Empire et des divers ministères, quand il s'agit d'étudier des questions dépendant de leurs services.

On comprend aisément l'influence bienfaisante que peut avoir sur la réussite d'une entreprise aussi complexe et aussi difficile la création d'un rouage spécial consacrant toutes ses forces exclusivement à la construction du Transsibérien.

Plan général des travaux. — Dès l'origine, l'ensemble du Transsibérien a été divisé en plusieurs tronçons, dont la construction devait être poussée suivant leur importance relative : c'est ainsi qu'on classa en première urgence : 1° le tronçon Tchéliabinsk-Irkoutsk-Lisvinitchnaïa, et 2° le tronçon Vladivostok-Grafskaïa, qui, avec la traversée du lac Baïkal, un portage à travers les monts Iablonoï et la navigation d'été sur les affluents du Baïkal et sur l'Amour et l'Oussouri, constituaient une ligne de communication mixte entre le réseau russe et les rives du Pacifique.

En seconde urgence on classa : 1° le tronçon Myssovskaïa-Strétensk ; 2° le tronçon Grafskaïa-Khabarovsk ; le portage à travers les monts Iablonoï ainsi supprimé, ainsi que la descente ou la remontée de l'Oussouri, les deux seules voies fluviales utilisées se réduisent au Baïkal et au fleuve Amour.

Enfin, en troisième urgence, on classa : 1° la ligne du Circumbaïkalien, d'Irkoutsk à Myssovskaïa ; 2° le tronçon Strétensk-Kabarovsk.

Le coût total approximatif de ces divers tronçons a été calculé comme suit :

TRONÇONS	VERSTES	COUT APPROXIMATIF
		Roubles.
Ouest-Sibérien (Tchéliabinsk-Ob)	1 328	47 361 479
Central-Sibérien (Ob-Irkoutsk)	1 754	73 272 898
Circumbaïkalien (Irkoutsk-Myssovskaïa)	292	22 310 820
Transbaïkalien (Myssovskaïa-Strétensk)	1 009	53 309 817
Amourien (Strétensk-Khabarovsk)	2 000	117 555 835
Nord-Oussouri (Khabarovsk-Grafskaïa)	347	18 738 582
Sud-Oussouri (Grafskaïa-Vladivostok)	382	17 661 051
TOTAL	7 112	350 210 482

APPENDICES.   173

Actuellement, la construction du Circumbaïkalien a été ajournée, en raison des difficultés pratiques que rencontrerait la pose de la voie à travers les éperons montagneux qui viennent baigner dans les eaux méridionales du lac, difficultés qui, pour être surmontées, demandent du temps et des travaux d'art coûteux; on s'est arrêté à la solution qui consiste à prendre les trains à Lisvinitchnaïa, sur la rive ouest du Baïkal, et à les transporter à Myssovskaïa, sur la rive opposée (distance, 60 verstes), à l'aide de bacs à vapeur puissants, analogues à ceux dont on se sert aux États-Unis sur la ligne Chicago-New-York pour traverser la rivière de Détroit, entre les lacs Huron et Érié. Les modèles de ces bacs, dont la construction a été confiée à la maison Armstrong, Mitchell and C°, de Newcastle, étaient exposés à l'exposition de Nijni-Novgorod : à deux hélices, d'un tonnage de 4000 tonneaux, avec des machines de 3750 chevaux, ils seront capables de transporter vingt-cinq wagons d'un poids moyen de 10 tonnes, à la vitesse de 22 verstes et demie à l'heure. En hiver, on emploiera des brises-glaces puissants, ou, si la solidité de la glace le permet, on établira une voie temporaire sur le Baïkal [1].

Quant au chemin de fer Amourien (tronçon Stretensk-Khabarovsk), sa construction est abandonnée, au moins pour le moment, et peut-être définitivement. Il sera remplacé par le *Chemin de fer de l'Est de la Chine*, qui, partant de la station d'Onone, traversera la Mandchourie et aboutira à Nikolskoe, à 102 verstes au nord de Vladivostok, sur la ligne Sud-Oussouri. Les travaux de cette ligne, dont l'empereur de Chine a, par la convention du 27 août-8 septembre 1896, cédé la construction et l'exploitation à une société russo-chinoise, doivent être commencés le 16/28 août 1897 et être achevés six ans après la constitution du Comité de Direction (lequel a été organisé en janvier 1897).

---

1. Néanmoins, il nous semble indispensable, — et c'est l'avis d'ingénieurs compétents et de la majorité des gens connaissant le pays, — de construire le Circumbaïkalien dans le plus bref délai, à cause des obstacles que causeront au projet temporaire les tempêtes qui, en été, sévissent sur le lac, et les crevasses, *trestchina*, qui, en hiver, creusent des abîmes sur la glace.

Quatre-vingts ans après le commencement de l'exploitation intégrale de la ligne, la Chine entrera en possession de la voie, du matériel et des dépendances; mais trente-six ans après la construction de la ligne, le gouvernement chinois aura le droit de la racheter en se substituant entièrement à la Société de construction, en ce qui concerne les dépenses, dettes, intérêts, etc.

C'est la *Société du Chemin de fer de l'Est de la Chine*, filiale de la Banque russo-chinoise, constituée le 4/16 décembre 1896 au capital de 5 millions de roubles, avec autorisation d'émettre des obligations suivant les besoins, qui entreprend la construction de cette ligne. Les actions de la société ne peuvent appartenir qu'à des sujets russes ou chinois. Le Gouvernement impérial Russe se réserve le droit de contrôle sur la direction et l'exploitation; les marchandises en transit à destination d'une localité russe seront affranchies de droits de douane; les marchandises allant de Russie en Chine, ou *vice versâ*, paieront des droits d'entrée ou de sortie inférieurs de un tiers à ceux que perçoit la douane maritime chinoise... Le gouvernement chinois s'engage à protéger la voie ferrée et ses employés contre toute attaque de la part des habitants des contrées qu'elle traverse.

Pour le moment, les études préliminaires ont indiqué deux tracés possibles de la voie : tous deux partant de la station d'Onone, un peu à l'ouest de Nertchinsk, passent la frontière mandchou-russe à Staro-Tzouroukaïtou et aboutissent à Khaïlar; de là le tracé nord se dirige sur Tzitzikar et Khoulan-Tchen, passe au nord de Ningouta et arrive à Nikolskoe, tandis que le second tracé, à environ 120 verstes plus au sud, va de Khaïlar à Bodouné par les vallées du Tchol et de la Nonna, puis remonte la vallée de la Soungari, et aboutit à Nikolskoe en passant par Ningouta. On dit que ce second tracé a le plus de chance d'être adopté. On estime les dépenses de construction de la voie à 50 000 roubles par verste.

Le tableau suivant, extrait d'une publication officielle russe, donne en détail le devis approximatif des frais totaux de construction du Transsibérien, — abstraction faite du matériel roulant, — suivant le projet primitif.

Le grand total de 350 *millions de roubles papier* (931 *millions de francs*) ne sera pas changé par l'adoption du tracé mandchou, à la place du chemin de fer Amourien, puisque ce dernier devant, d'après les prévisions, coûter 117 millions et demi de roubles, sera remplacé par le chemin de fer de l'Est de la Chine, dont la construction est estimée à environ 100 millions de roubles.

État actuel des travaux. — Au 1ᵉʳ janvier 1897, on avait achevé la voie et posé les rails :

Sur la totalité de la section de. l'*Ouest-Sibérien.*
Sur 1034 verstes du. . . . . . *Central-Sibérien.*
Sur 21 verstes du. . . . . . . *Transbaïkalien.*
Sur 286 verstes du. . . . . . . *Nord-Oussourien.*
Sur la totalité du. . . . . . . *Sud-Oussourien.*

Et les lignes suivantes étaient ouvertes au trafic des voyageurs et des marchandises :

L'*Ouest-Sibérien*, de Tchéliabinsk à l'Ob. . . . . . 1328 verstes.
Le *Central-Sibérien*, de l'Ob à Krasnoïarsk. . . . 708 —
Le *Sud-Oussourien*, de Vladivostok à Imane. . . . 387 —

En outre, un embranchement de 82 verstes, partant de la station de *Taïga*, à 215 verstes à l'est de l'Ob, reliait la ville de Tomsk au Central-Sibérien.

Les prix des billets étaient les suivants, pour les points terminus :

	CLASSES			
	Iʳᵉ	IIᵉ	IIIᵉ	IVᵉ
	Roubles.	Roubles.	Roubles.	Roubles.
De Tchéliabinsk à l'Ob. . . .	25,00	15,00	10,00	8,35
De l'Ob à Krasnoïarsk. . . .	24,43	20,36	10,18	5,31
De Vladivstock à Imane. . .	17,80	13,35	8,90	
De Taïga à Tomsk.	2,83	2,36	1,18	0,62

Les travaux effectués en 1897, — et que l'on a poussés avec la plus grande activité, — permettront de livrer au 1ᵉʳ janvier 1898 la voie complètement achevée jusqu'à Nijné-Oudinsk, sur le Central-Sibérien, et de Vladivostok à Khabarovsk, sur l'Oussourien. — On estime que la ligne sera ouverte au trafic, jusqu'à la ville d'Irkoutsk, dès le début de la campagne d'été de 1898.

Sur le *Chemin de fer de l'Est de la Chine*, les premiers coups de pioche ont été donnés au mois d'août et les travaux vont en être poussés avec la plus grande activité.

Ajoutons enfin que, d'après les prévisions des hommes du métier, il est à peu près certain que la communication, *ininterrompue*, par rails, entre Saint-Pétersbourg et Vladivostok, sera établie dès 1903.

Devis approximatif du coût de la construction

		OUEST-SIBÉRIEN. TCHÉLIABINSK-OB. 1328 verstes.	CENTRAL-SIBÉRIEN. OB-IRKOUTSK. 1754 verstes.	CIRCUMBAÏKAL IRKOUTSK-MYSOVSK. 292 verstes.
		Roubles.	Roubles.	Roubles.
A.	Frais d'expropriation	387 857	299 727	48 970
	Terrassements	5 845 144	12 909 873	7 198 844
	Ouvrages d'art	8 932 135	16 544 912	7 116 950
	Maçonneries accessoires	3 923 854	4 464 685	742 049
	Matériel de la voie	176 140	257 701	36 675
	Télégraphe	367 773	358 074	70 201
	Bâtiments le long de la voie	709 360	849 227	196 860
	Stations	2 012 500	2 767 225	557 300
	Canalisations et approvisionnement d'eau	617 840	1 304 195	178 730
	Matériel des stations	659 050	718 955	197 150
	Frais généraux et dépenses imprévues	4 500 570	5 525 115	1 510 575
	Total	28 132 223	46 029 689	17 854 304
B.	Rails et traverses	8 583 922	11 550 900	1 867 108
	Matériel de pose et main-d'œuvre	8 086 700	10 691 950	1 671 730
	Frais de transport des rails et traverses, du matériel de pose et des ouvriers	2 558 634	5 000 359	917 678
	Total	19 229 256	27 243 209	4 456 516
	Grand total	47 361 479	73 272 898	22 310 820

1. D'après « *Sibir i Velikaïa Sibirskaïa Jélesnaïa Doroga* » — « La Sibérie et le Grand Trans », 2ᵉ édit. 1896, Saint-Pétersbourg.

Grand Transsibérien ¹ suivant le projet primitif.

TRANSBAÏKALIEN.	AMOURIEN.	NORD-OUSSOURIEN.	SUD-OUSSOURIEN.	TOTAL.
YSOVSKAÏA-STRETENSK.	STRETENSK-KHABAROVSK.	KHABAROVSK-GRAFSKAÏA.	GRAFSKAÏA-VLADIVOSTOK.	
1009 verstes.	2 000 verstes.	347 verstes.	382 verstes.	7 112 verstes.
Roubles.	Roubles.	Roubles.	Roubles.	Roubles.
501 695	1 000 000	76 000	247 640	2 561 889
13 237 808	28 000 000	4 582 353	3 712 806	75 186 828
9 869 932	30 000 000	3 320 712	2 657 280	78 444 921
2 931 002	6 000 000	1 344 325	1 189 760	20 395 675
168 523	320 000	86 722	62 270	1 108 031
242 106	480 000	104 252	118 420	1 740 880
587 460	1 000 000	314 400	218 375	3 875 082
1 867 450	3 600 000	881 950	1 170 150	12 856 575
638 200	1 200 000	249 660	316 730	4 505 375
734 110	1 400 000	248 500	398 100	4 385 865
5 410 800	11 000 000	2 002 125	2 908 336	32 857 521
36 189 140	84 000 000	13 210 999	12 999 887	238 416 242
6 442 416	12 765 328	2 254 200	2 443 831	15 907 925
5 614 345	11 223 655	1 917 670	1 359 200	40 565 250
5 063 916	9 566 652	1 355 713	858 113	25 321 065
17 120 677	33 555 835	5 527 583	4 661 164	111 794 240
53 309 817	117 555 835	18 738 582	17 661 051	350 210 482

¹ — Ouvrage publié par le Département du Commerce et des Manufactures, Ministère des Finances. —

MACHINE DE LAVAGE

du Prisk Alexandrinski de la Compagnie d'Exploitation

Coupe suivant CD.

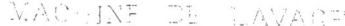

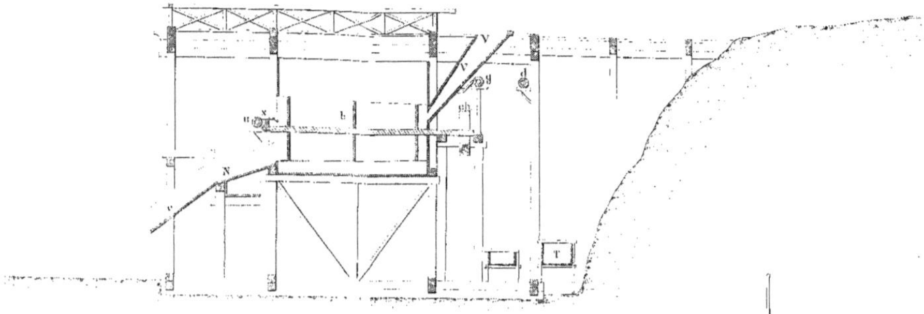

Coupe suivant AB.

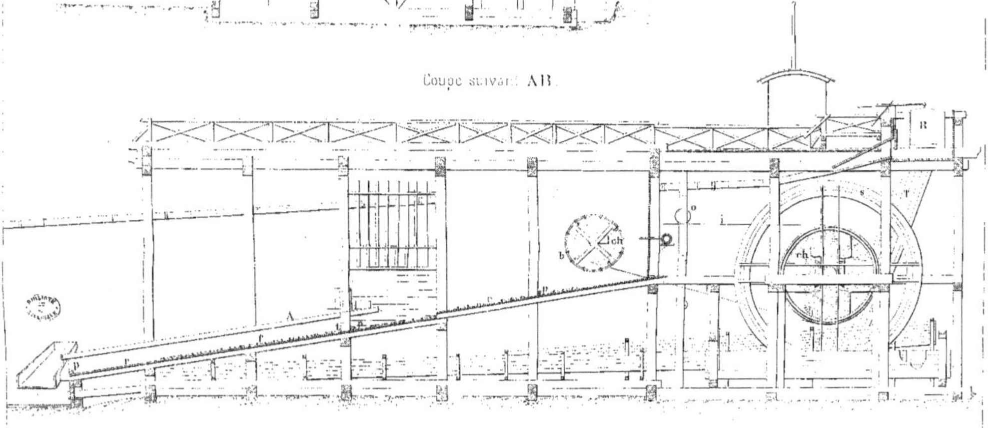

Plan

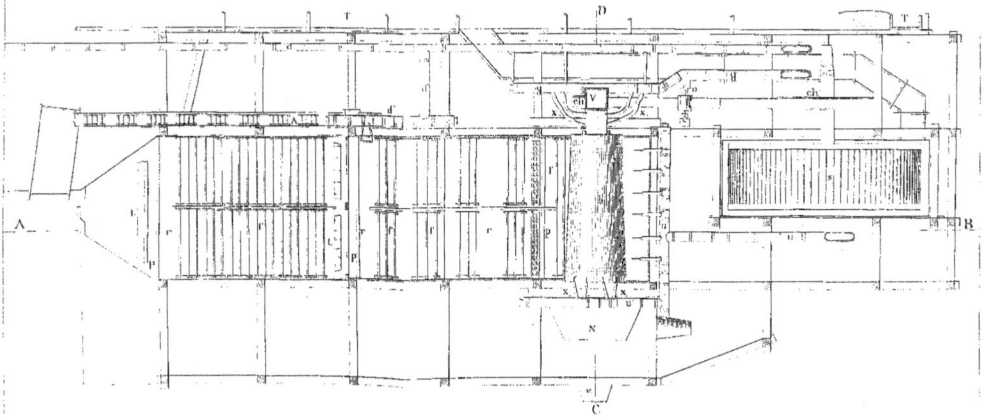

Échelle

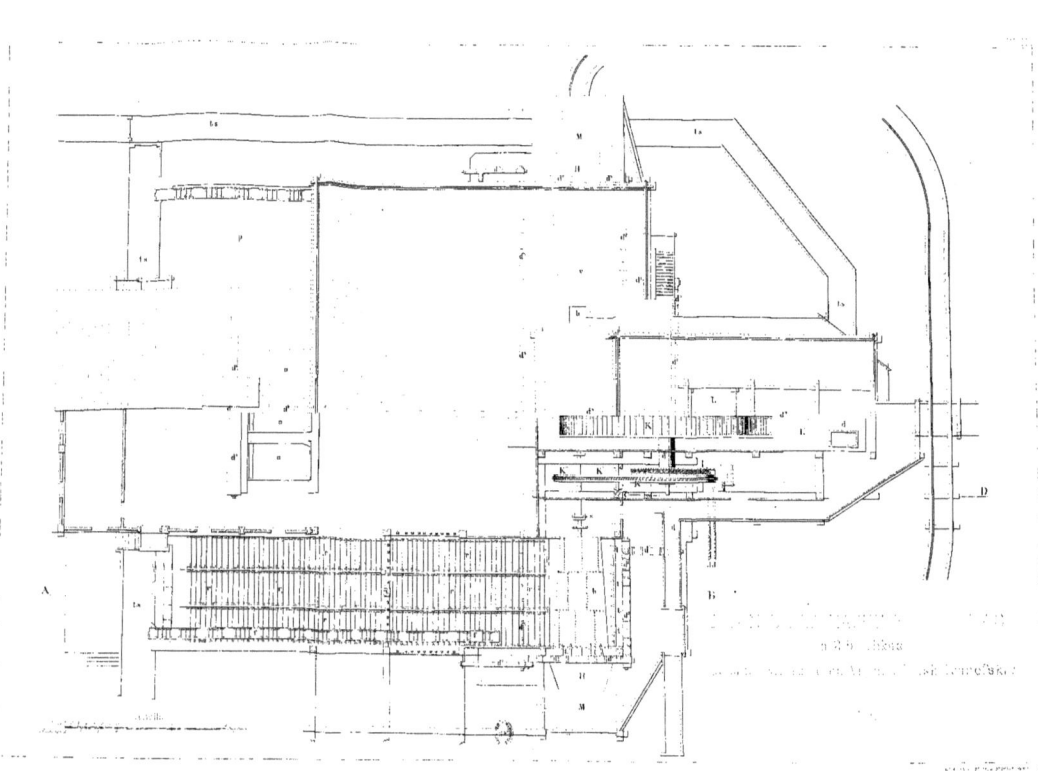

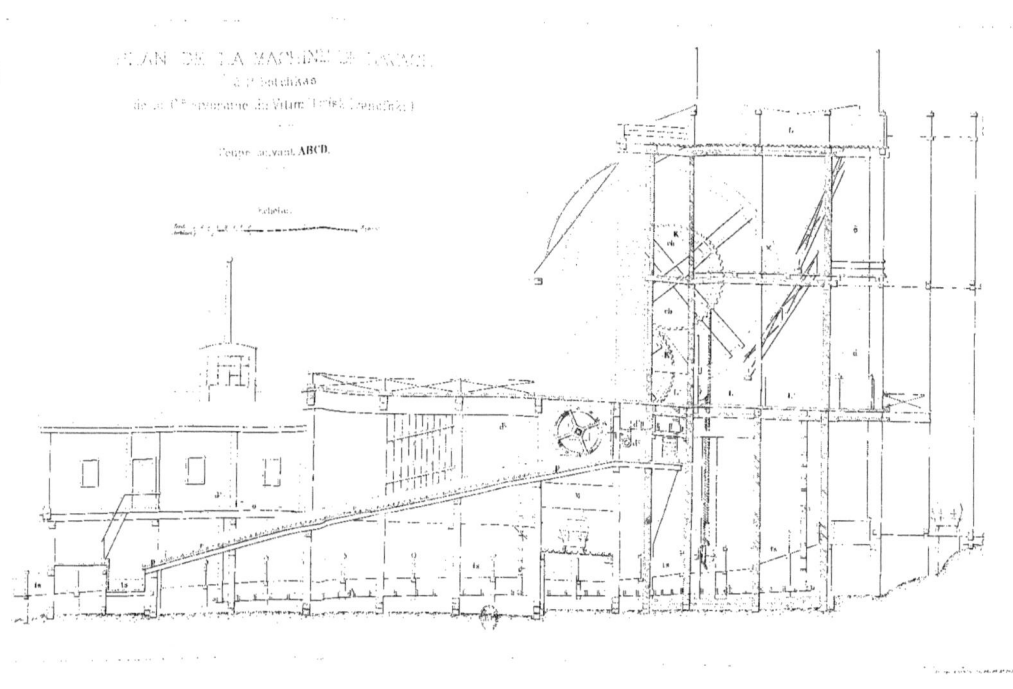

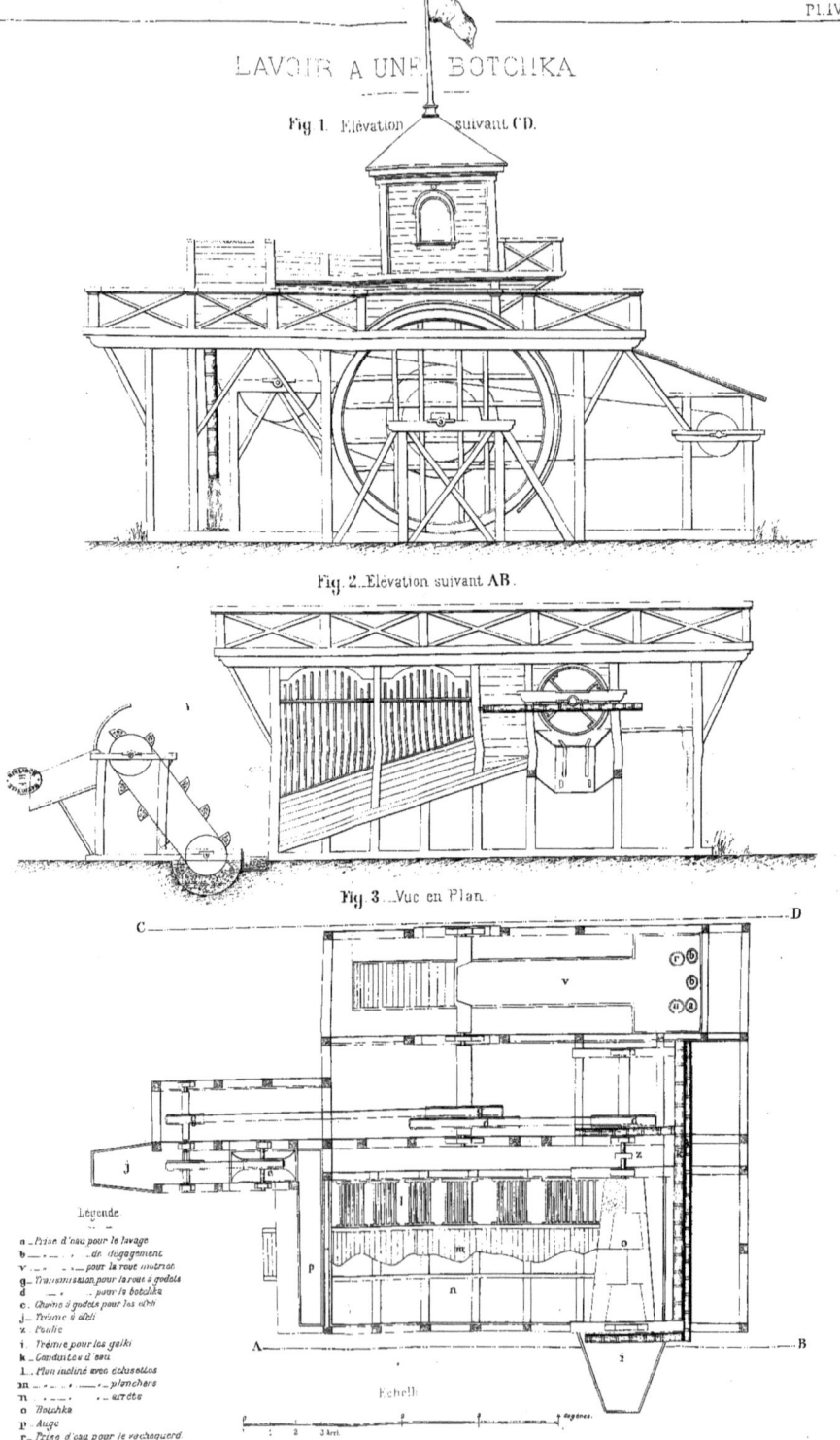

PLAN D'UN LAVOIR A TCHACHA

Fig. 1. Vue en plan

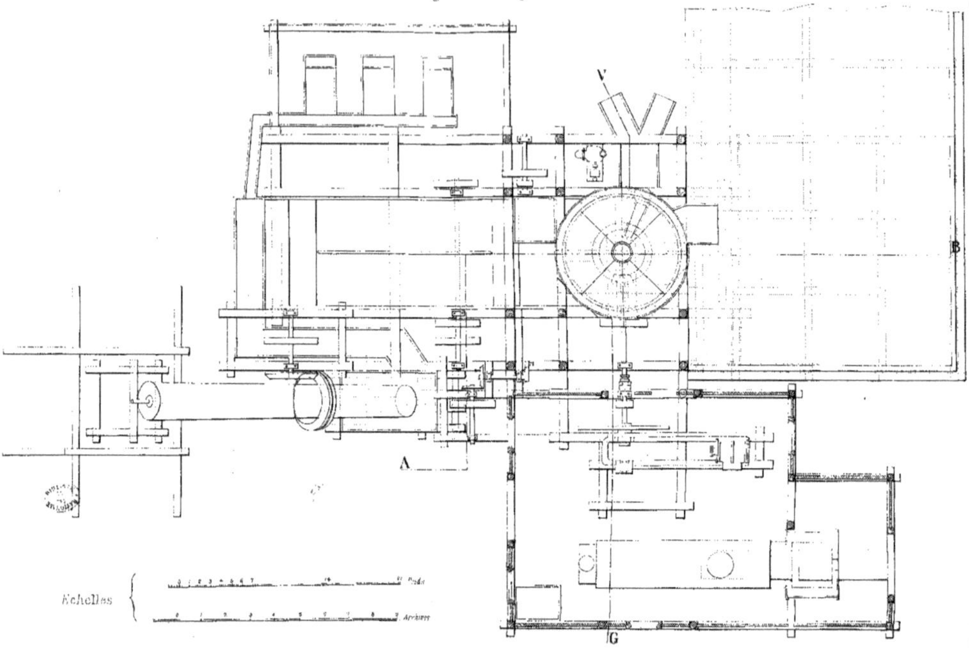

Fig. 2. Coupe suivant AB

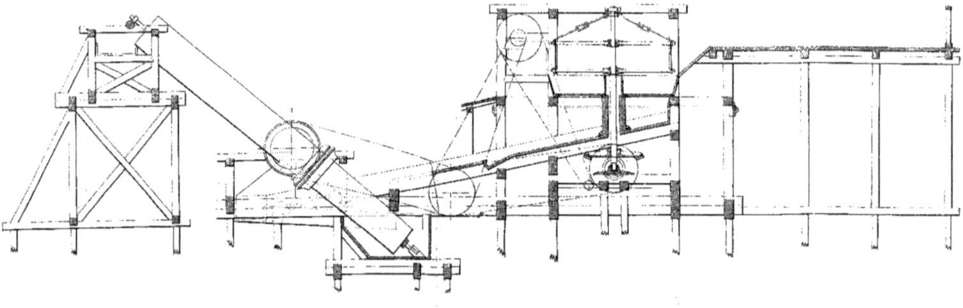

Fig. 3. Coupe suivant VG

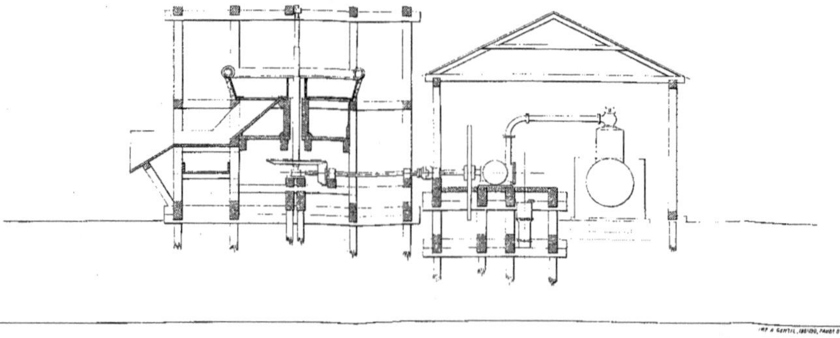

IMP. A. GENTIL, 100/120, FAUBG ST DENIS, PARIS.

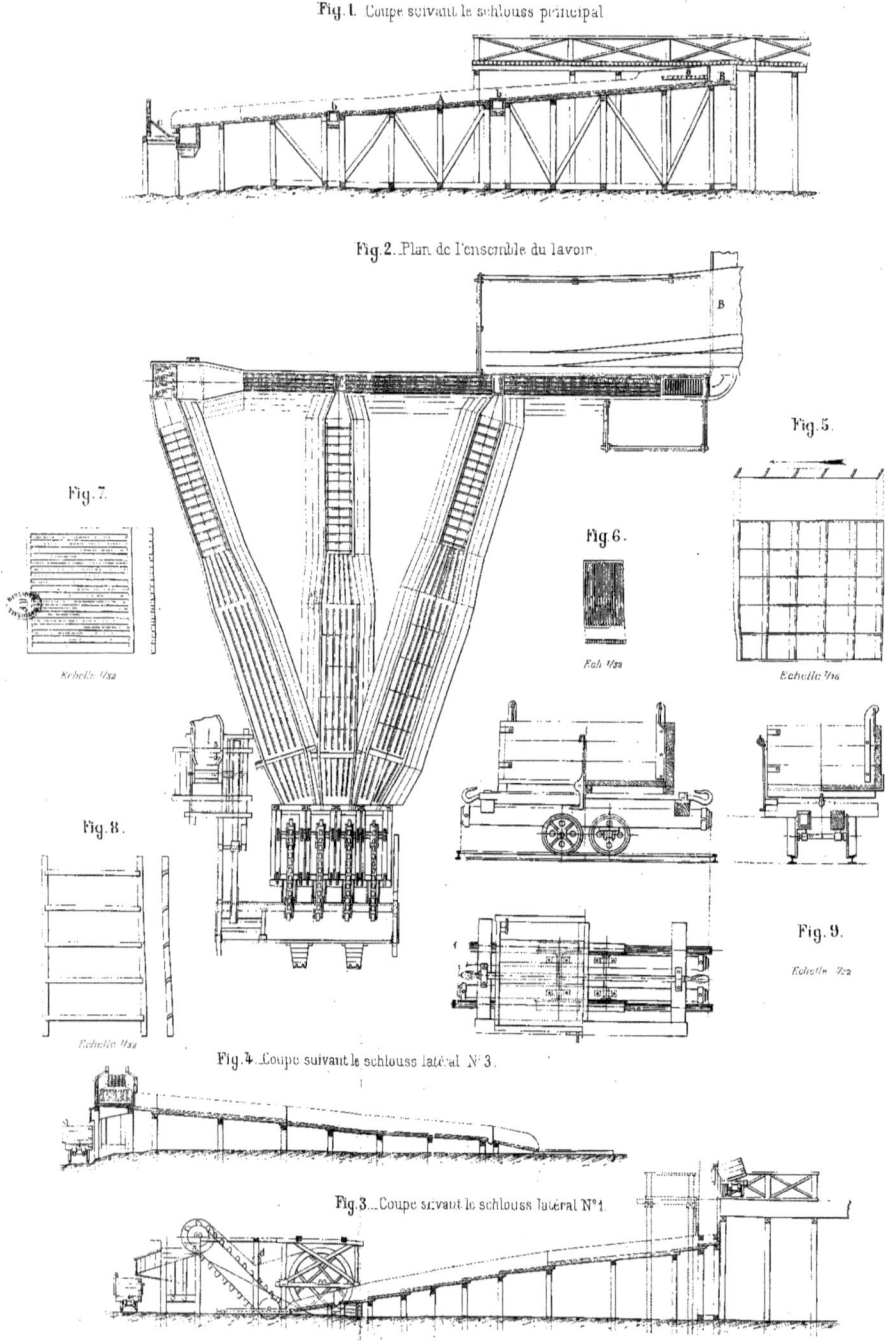

sans des